Auto-Kennzeichen in Europa

Martin Maedebach

Europa
Island
IS
Norwegen
N
Oslo
S
Irland
Dublin
IRL
Groß-
britannien
GB
London
DK
København
NL
Amsterdam
Berlin
Brüssel
B
Deutsch-
land
D
Praha
CZ
Paris
Lux.
L
Frankreich
F
FL
Wien
A
Bern
CH
Ljubljana
Zagreb
Italien
Portugal
Lisboa
Madrid
AND
MC
I
RSM
HR
S.M.O.M.
V
Roma
P
Spanien
E
Gibraltar(G.-B.)
Ceuta(Sp.)
Melilla(Sp.)
Rabat
Algier
Tunis
Valletta
M
Marokko
Algerien
Tunesien

FIN
Finnland
Helsinki
Tallinn
Stockholm
EST
Riga
LV
LT
RUS
Vilnius
BY
Minsk
Polen
Weiß-
russland
PL
Warszawa
Russische
RUS
Moskau
Föderation
Kiew
UA
Ukraine
SK
Bratislava
MD
H
Chişinau
Budapest
Rumänien
Ungarn
Belgrad
RO
BIH
Bukarest
SCG
Sarajevo
Bulgarien
Sofia
BG
AL
Skopje
Tirana
MK
Albanien
Griechen-
land
GR
Athen
Ankara
TR
Türkei
Georgien
Tbilisi
Syrien
Nicosia
CY
Libanon
Irak
Beirut
Damaskus

Inhalt

Die österreichischen Kennzeichen sind weiß und haben am linken Schilderrand die blaue Europabanderole mit dem Sternenkreis und dem Nationalitätskennzeichen A.

Oben und unten haben sie je einen Streifen in den Nationalfarben Rot-Weiß-Rot. Die Buchstabenkombination vor dem Wappen des jeweiligen Bundeslandes gibt Auskunft über die Herkunft des Fahrzeuges. Es folgt eine Ziffern- und Buchstabenkombination, die bei Standardkennzeichen mit einer Zahl beginnt. Auch eine Wunschkombination mit maximal fünf frei gewählten Buchstaben ist möglich. Am Ende steht immer eine Zahl (z. B.: B MEIER 1).

AM	*Amstetten (N)*
B	*Bregenz (V)*
BA	*Exp. Bad Aussee (St)*
BB	*Österreichische Bundesbahnen ***
BD	*Kraftfahrlinienverkehr Bundesbus ***
BG	*Bundesgendarmerie ***
BH	*Heeresfahrzeuge ***
BL	*Bruck/Leitha (N)*
BM	*Bruck/Mur (St)*
BN	*Baden (N)*
BP	*Bundespolizei ***
BR	*Braunau (O)*
BZ	*Bludenz (V)*
DL	*Deutschlandsberg (St)*
DO	*Dornbirn (V)*
E	*Eisenstadt (B) **
EF	*Eferding (O)*
EU	*Eisenstadt/Umgebung*
FB	*Feldbach (St)*
FE	*Feldkirchen (K)*
FF	*Fürstenfeld (St)*
FK	*Feldkirch (V)*
FR	*Freistadt (O)*
G	*Graz (St) **
GB	*Exp. Gröbming (St)*
GD	*Gmünd (N)*
GF	*Gänserndorf (N)*
GM	*Gmunden (O)*
GR	*Grieskirchen (O)*
GS	*Güssing (B)*
GU	*Graz/Umgebung (St)*
HA	*Hallein (S)*
HB	*Hartberg (St)*
HE	*Hermagor (K)*
HL	*Hollabrunn (N)*
HO	*Horn (N)*
I	*Innsbruck (T) **
IL	*Innsbruck/Land (T)*
IM	*Imst (T)*
JE	*Jennersdorf (B)*
JO	*St. Johann i. Pongau (S)*
JU	*Judenburg (St)*

JW	*Justizwache ** *	**KI**	*Kirchdorf/Krems (O)*
K	*Klagenfurt (K) **	**KL**	*Klagenfurt/Land (K)*
KB	*Kitzbühel (T)*	**KO**	*Korneuburg (N)*
KF	*Knittelfeld (St)*	**KR**	*Krems (N)*

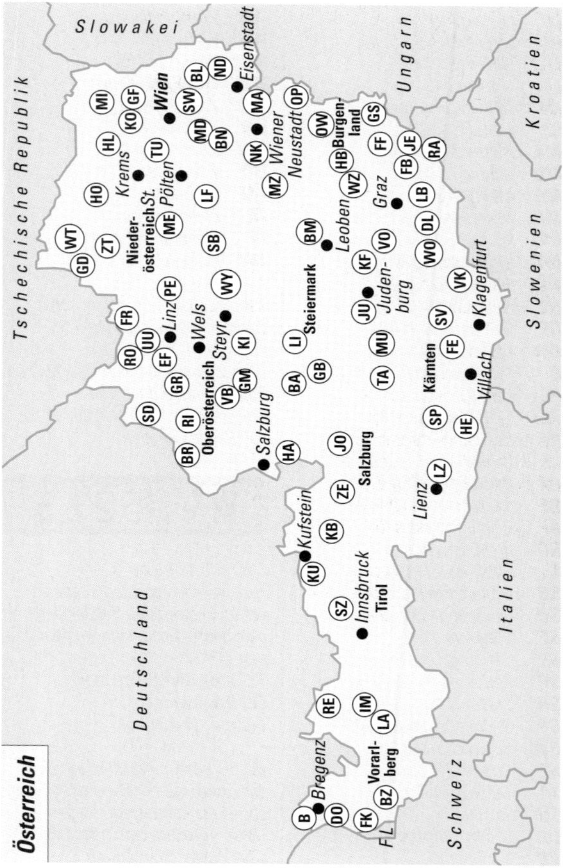

KS *Magistrat Krems (N)*
KU *Kufstein (T)*
L *Linz (O) **
LA *Landeck (T)*
LB *Leibnitz (St)*
LE *Leoben (St) **
LF *Lilienfeld (N)*
LI *Liezen (St)*
LL *Linz/Land (O)*
LN *Leoben Umgebung (St)*
LZ *Lienz (T)*
MA *Mattersburg (B)*
MD *Mödling (N)*
ME *Melk (N)*
MI *Mistelbach (N)*
MU *Murau (St)*
MZ *Mürzzuschlag (St)*
ND *Neusiedl am See (B)*
NK *Neunkirchen (N)*
OP *Oberpullendorf (B)*
OW *Oberwart (B)*
P *St. Pölten (N) **
PE *Perg (O)*
PL *St. Pölten/Land (N)*
PT *Post- und Telegraphenverwaltung ***
RA *Radkersburg (St)*
RE *Reutte (T)*
RI *Ried im Innkreis (O)*
RO *Rohrbach (O)*
S *Salzburg (S) **
SB *Scheibbs (N)*
SD *Schärding (O)*
SE *Steyr/Land (O)*
SL *Salzburg/Umgebung (S)*
SP *Spittal an der Drau (K)*
SR *Steyr (O) **
SV *St. Veit an der Glan (K)*
SW *Schwechat (N) **
SZ *Schwaz (T)*
TA *Tamsweg (S)*
TU *Tulln (N)*
UU *Urfahr/Umgebung (O)*
VB *Vöcklabruck (O)*
VI *Villach (K) **
VK *Völkermarkt (K)*
VL *Villach/Land (K)*
VO *Voitsberg (St)*
W *Wien (W) **
WB *Wiener Neustadt (N)*
WE *Wels (O) **
WL *Wels/Land (O)*
WN *Wr. Neustadt (N) **
WO *Wolfsberg (K)*
WT *Waidhofen/Thaya (N)*
WU *Wien/Umgebung (N)*
WY *Waidhofen/Ybbs (N)*
WZ *Weiz (St)*
ZE *Zell/See (S)*
ZT *Zwettl (N)*
ZW *Zollwache ***

** Bundespolizeidirektion, sonst Bezirkshauptmannschaft*

*** Fahrzeuge, die einem sachlichen Bereich zugeordnet sind. Beispiel: BP - 17. Das Wappen ist das Bundeswappen.*

Für spezielle Fahrzeuggruppen gelten in einzelnen Bundesländern gesonderte Buchstabenkombinationen, z. B. TX (Taxi), MW (Mietwagen), FW (Feuerwehr). Beispiel: W 2547 TX.

Besondere Kennzeichen erhalten die Fahrzeuge der Bundesregierung sowie der Landesregierungen. Diese Autonummern haben nach dem Wappen nur Ziffern.

A Bundesregierung/-behörden (Wien)
B Burgenland (Eisenstadt)
K Kärnten (Klagenfurt)
N Niederösterreich (St. Pölten)
O Oberösterreich (Linz)
S Salzburg (Salzburg)
ST Steiermark (Graz)
T Tirol (Innsbruck)
V Vorarlberg (Bregenz)
W Wien (Wien)

Die ausländischen Vertretungen erhalten den Buchstaben D (Diplomaten) bzw. K (Konsuln), der hinter den Buchstaben des jeweiligen Bundeslandes gesetzt wird. Für die Steiermark wird statt ST der Buchstabe G (für Graz) verwendet. Diese Kennzeichen besitzen keine Wappen.

Wissenswertes über Österreich

Fläche: 83 858 qkm
Einwohner: 8,2 Mio.
Bevölkerungsdichte: 95 Einwohner pro qkm
Staatsform: Republik
Währung: Euro
Amtssprache: Deutsch
Gesprochene Sprachen: Deutsch, Kroatisch, Ungarisch, Slowenisch, Tschechisch
Religion: 74 % Katholiken, 5 % Protestanten, 4 % Muslime, 12 % konfessionslos, 5 % andere
Zeit: MEZ
Nationalfeiertag: 26. Oktober

Hauptstadt: Wien
Die größten Städte: Wien (1 800 000 Ew.), Graz (247 000 Ew.), Linz (208 000 Ew.), Salzburg (149 000 Ew.), Innsbruck (122 000 Ew.)
Längster Fluss: Donau, 350 km österreichischer Anteil, Gesamtlänge 2858 km
Höchster Berg: Großglockner, 3797 m
Größter See: Neusiedler See, 135 qkm österreichischer Anteil, Gesamtfläche 152 qkm

Promillegrenze: 0,5

Höchstgeschwindigkeiten in Österreich

	innerhalb v. Ortschaften	außerhalb v. Ortschaften	Schnellstraßen	Autobahnen
Pkw	50 km/h	80/100 km/h	–	110/130 km/h
Pkw mit Anhänger	50 km/h	80/100 km/h	–	80/100 km/h
Motorrad	50 km/h	80/100 km/h	–	110/130 km/h

Albanien

AL

Albanische Schilder sind weiß und haben einen roten Streifen am linken Rand. Unter dem schwarzen Doppeladler steht das Nationalitätskennzeichen AL. Das Kennzeichen setzt sich aus zwei Buchstaben, einer vierstelligen Zahl und nochmals einem Buchstaben zusammen. Die ersten beiden Buchstaben stehen für den Verwaltungsbezirk, in dem das Fahrzeug zugelassen ist.

BČ Tropojë (Bairim Curri)
BR Berat
BZ Bulquizë
DI Dibre
DL Delvinë
DR Durrës
DV Devolli
EL Elbasan
ER Kolonjë (Ersekë)
FR Fier
GJ Gjirokastër
GR Gramsh
HS Has
KJ Kavajë
KO Korçë
KR Krujë
KU Kukës
KV Kuçovë
LA Laç
LB Librazhd
LE Lezhë
LU Lushnjë
MA Mallakastër
MR Mirditë
MT Mat
PE Peqin
PG Pogradec
PR Permet
PU Pukë
SH Shkodër
SK Skrapar
SR Sarandë
TP Tepelenë
TR Tiranë (Tirana)
VL Vlorë (Valona)

Wissenswertes über Albanien

Fläche: 28 748 qkm
Einwohner: 3,1 Mio.
Bevölkerungsdichte: 110 Einwohner pro qkm

Staatsform: Republik
Währung: 1 Lek=100 Quindarka
Amtssprache: Albanisch
Gesprochene Sprachen: Albanisch (zwei Versionen)
Religion: ca. 40 % Sunniten, 20 % Bektaschi, 20 % orthodoxe Christen, 10 % Katholiken, 10 % konfessionslos
Zeit: MEZ
Nationalfeiertag: 28. November

Hauptstadt: Tirana

Höchstgeschwindigkeiten in Albanien

	innerhalb v. Ortschaften	außerhalb v. Ortschaften	Schnellstraßen	Autobahnen
Pkw	40 km/h	lt. Anzeige	–	–
Motorrad	40 km/h	lt. Anzeige	–	–

Die größten Städte: *Tirana (523 000 Ew., Durrës (86 000 Ew.), Elbasan (84 000 Ew.)*
Längster Fluss: *Drin, 250 km albanischer Anteil, Gesamtlänge 300 km*
Höchster Berg: *Korab, 2764 m*

Promillegrenze: *Alkoholverbot*

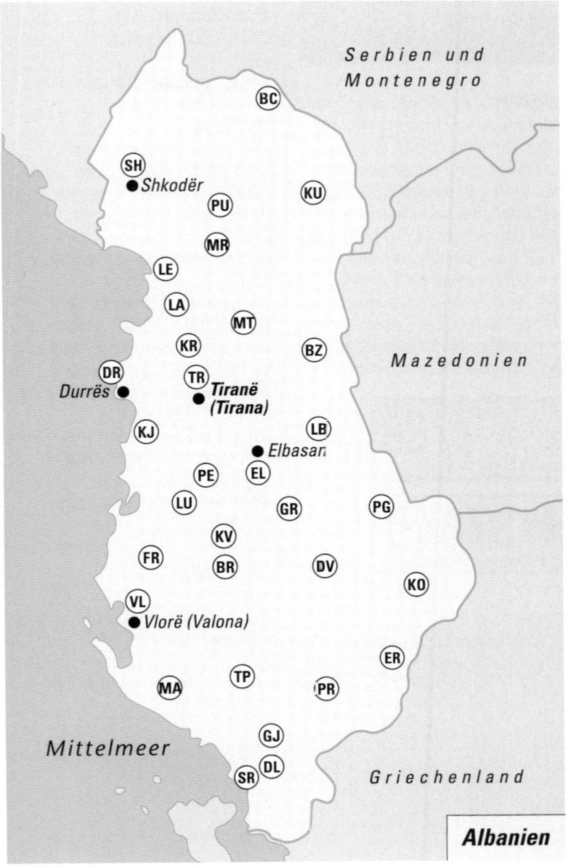

Wenn man ein Kennzeichen mit dem blauen Schriftzug »Principat d'Andorra« sieht, fällt die Zuordnung nicht schwer. Auf der linken Seite des Schildes befindet sich das Staatswappen. Oberhalb des Schriftzuges steht die eigentliche Nummer. Am 1. Dezember 1981 wurde das erste Schild der neuen Serie A0001 ausgegeben. Davor bestanden die Autonummern ausschließlich aus Zahlen.

Wissenswertes über Andorra

Fläche: 468 qkm
Einwohner: 72 300
Bevölkerungsdichte: 141 Einwohner pro qkm

Staatsform: parlamentarisches Fürstentum (Principat)
Währung: Euro
Amtssprache: Katalanisch
Gesprochene Sprachen: Spanisch, Katalanisch, Französisch
Religion: 94 % Katholiken
Zeit: MEZ
Nationalfeiertag: 8. September

Hauptstadt: Andorra La Vella
Die größten Städte: Andorra La Vella (22 000 Ew.), Les Escaldes (13 000 Ew.), St. Juliá de Lorio (5000 Ew.), Encamp (5000 Ew.), La Massana (3000 Ew.)
Längster Fluss: Gran Valira, 20 km andorranischer Anteil, Gesamtlänge 36 km
Höchster Berg: Coma Pedrosa, 2946 m

Promillegrenze: 0,5

Höchstgeschwindigkeiten in Andorra

	innerhalb v. Ortschaften	außerhalb v. Ortschaften	Schnellstraßen	Autobahnen
Pkw	50 km/h	90 km/h	–	–
Pkw mit Anhänger	50 km/h	80 km/h	–	–
Motorrad	50 km/h	90 km/h	–	–

Die belgischen Autokennzeichen waren auf Anhieb gut zu erkennen, denn die Schrift war rot. Seit 2002 werden in Belgien neue Schilder ausgegeben. Diese sind jetzt weiß und haben eine schwarze Aufschrift. Am linken Rand ist das blaue Europaband zu erkennen. Leider sagt die sechsstellige Kombination aus drei Buchstaben und ebenso vielen Zahlen nichts über die regionale Herkunft des Fahrzeugs aus.

Wissenswertes über Belgien

Fläche: 30 528 qkm
Einwohner: 10,4 Mio.
Bevölkerungsdichte: 342 Einwohner pro qkm
Staatsform: parlamentarische Monarchie (Königreich)
Währung: Euro
Gesprochene Sprachen: Niederländisch, Französisch, Deutsch
Religion: 74 % Katholiken, 3 % Muslime, 0,7 % Protestanten, 0,3 % Juden, 22 % konfessionslos oder andere
Zeit: MEZ
Nationalfeiertag: 21. Juli

Hauptstadt: Brüssel
Die größten Städte: Brüssel (1 Mio. Ew.), Antwerpen (458 000 Ew.), Gent (231 000 Ew.), Charleroi (208 000 Ew.)
Längster Fluss: Schelde, 370 km, belgischer Anteil 207 km
Höchster Berg: Botrange, 694 m
Größter See: Lac de la Plate Taille

Promillegrenze: 0,5

Höchstgeschwindigkeiten in Belgien

	innerhalb v. Ortschaften	außerhalb v. Ortschaften	Schnellstraßen	Autobahnen
Pkw	50 km/h	90 km/h	120 km/h	120 km/h
Pkw mit Anhänger	50 km/h	90 km/h	120 km/h	120 km/h
Motorrad	50 km/h	90 km/h	120 km/h	120 km/h

Bulgarien verwendete früher kyrillische Buchstaben. Seit 1992 werden nur noch solche gebraucht, die sowohl im kyrillischen als auch im lateinischen Alphabet vorkommen. Das Nummernschild ist weiß und hat eine schwarze Umrahmung sowie Aufschrift. Links hat es einen blauen Streifen, in dem die Landesfahne und das Nationalitätskennzeichen abgebildet sind. Das Kennzeichen beginnt mit dem Code des Registrierungsbezirks, der aus ein oder zwei Buchstaben besteht. Es folgen vier Ziffern, am Ende stehen ein oder zwei Buchstaben. Bei zweizeiligen Kennzeichen werden die Serienbuchstaben neben die Abkürzung der Stadt gesetzt.

A	Burgas
B	Varna
BH	Vidin
BP	Vraca
BT	Veliko Tŏrnovo
C	Sofija (Sofia)
CC	Silistra
CH	Sliven
CM	Smoljan
CO	Sofia (Umgebung)
CT	Stara Zagora
E	Blagoevgrad
EB	Gabrovo
EH	Pleven
H	Šumen
K	Kârdžali
KH	Kjustendil
M	Montana
OB	Loveč
P	Ruse
PA	Pazardžik
PB	Plovdiv
PK	Pernik
PP	Razgrad
T	Tărgovište
TX	Dobrih
X	Haskovo
Y	Jambol

Höchstgeschwindigkeiten in Bulgarien

	innerhalb v. Ortschaften	außerhalb v. Ortschaften	Schnell-straßen	Autobahnen
Pkw	50 km/h	90 km/h	–	120 km/h
Pkw mit Anhänger	50 km/h	90 km/h	–	120 km/h
Motorrad	50 km/h	80 km/h	–	100 km/h

Wissenswertes über Bulgarien

Fläche: 110 994 qkm
Einwohner: 7,8 Mio.
Bevölkerungsdichte: 67 Einwohner pro qkm

Staatsform: Republik
Währung: 1 Lew (Mehrzahl Lewa) = 100 Stótinki
Amtssprache: Bulgarisch
Gesprochene Sprachen: Bulgarisch, Türkisch, Makedonisch
Religion: 86 % Bulgarisch-Orthodoxe, 13 % Muslime, 1 % Katholiken
Zeit: Osteuropäische Zeit (MEZ + 1 Stunde)
Nationalfeiertag: 3. März

Hauptstadt: Sofia
Die größten Städte: Sofia (1 200 000 Ew.), Plovdiv (342 000 Ew.), Varna (312 000 Ew.), Burgas (190 000 Ew.), Ruse (160 000 Ew.)
Längster Fluss: Donau, 520 km bulgarischer Anteil, Gesamtlänge 2858 km
Höchster Berg: Mussla, 2925 m

Promillegrenze: Alkoholverbot

Das bosnische Nummernschild hat eine schwarze Aufschrift auf weißem Grund. Am linken Schilderrand ist ein blauer Streifen mit dem Wappen und dem Nationalkennzeichen von Bosnien-Herzegowina zu sehen. Rechts daneben stehen zwei Buchstaben. Sie dienen zur Identifikation der Herkunft des Wagens.

BČ	*Brčko*
BI	*Bihać*
BL	*Banja Luka*
DO	*Doboj*
GŽ	*Goražde*
JC	*Jajce*
LI	*Livno*
MO	*Mostar*
PD	*Prijedor*
SA	*Sarajevo*
TZ	*Tuzla*
ZE	*Zenica*

Diese Liste ist nicht vollständig, da zusätzliche Codes eingeführt wurden. Bedingt durch die Bürgerkriegswirren sind in Teilgebieten abweichende Kennzeichen ausgegeben worden. So gibt es in den kroatisch besiedelten Landesteilen Schilder, die dem Kennzeichen der Republik Kroatien ähnlich sind. Seit kurzem gibt es ein neues Kennzeichensystem in Bosnien. Nun kann man nicht mehr erkennen, woher das Fahrzeug stammt. Das Kennzeichen besteht aus einer sechsstelligen Zahl, die durch einen Buchstaben in zwei Dreiergruppen geteilt ist.

Wissenswertes über Bosnien-Herzegowina

Fläche: *51 129 qkm*
Einwohner: *3,8 Mio.*
Bevölkerungsdichte: *81 Einwohner pro qkm*

Staatsform: *Republik*
Währung: *Konvertible Mark*
Amtssprache: *Bosnisch, Serbisch, Kroatisch*
Gesprochene Sprache: *Serbokroatisch*
Religion: *44 % Muslime, 31 % Serbisch-Orthodoxe, 17 % Katholiken*
Zeit: *MEZ*
Nationalfeiertag: *1. März*

Hauptstadt: *Sarajevo*
Die größten Städte: *Sarajevo (600 000 Ew.), Zenica (138 000 Ew.), Banja Luka (135 000 Ew.), Tuzla (125 000 Ew.), Mostar (119 000 Ew.)*
Längster Fluss: *Drina, 236 km*
Höchster Berg: *Maglic, 2386 m*
Größter See: *Buško, 56 qkm*

Promillegrenze: *0,5*

Höchstgeschwindigkeiten in Bosnien-Herzegowina

	innerhalb v. Ortschaften	außerhalb v. Ortschaften	Schnellstraßen	Autobahnen
Pkw	60 km/h	80 km/h	100 km/h	120 km/h
Pkw mit Anhänger	60 km/h	80 km/h	80 km/h	80 km/h
Motorrad	60 km/h	80 km/h	100 km/h	120 km/h

Weißrussische Autonummern erkennt man auf Anhieb an ihrer roten Schrift. Das Schild selbst ist weiß und rot umrandet. Das Kennzeichen beginnt mit einer vierstelligen Nummer. Hinter dem Siegel mit dem Landeswappen folgen bis zu drei Buchstaben. An den ersten beiden Buchstaben kann man die Region erkennen, aus der das Fahrzeug stammt. Verwendet werden nur Buchstaben, die sowohl im kyrillischen als auch im lateinische Alphabet vorkommen (A, B, C, E, I, K, M, H, P, O, T, X).

Für besondere Personenkreise gibt es spezielle Kennzeichen mit schwarzen Symbolen auf gelbem Grund. Diplomatenfahrzeuge tragen das Kennzeichen D und eine Nummer. Für Medien-Korrespondenten gilt der Buchstabe K. Andere Ausländer bekommen Kennzeichen mit dem Buchstaben M.

Bei Lastwagen sieht man häufig noch Nummernschilder mit den charakteristischen abgeschrägten Ecken. Diesen Schildertyp findet man bei allen Nachfolgestaaten der ehemaligen Sowjetunion.

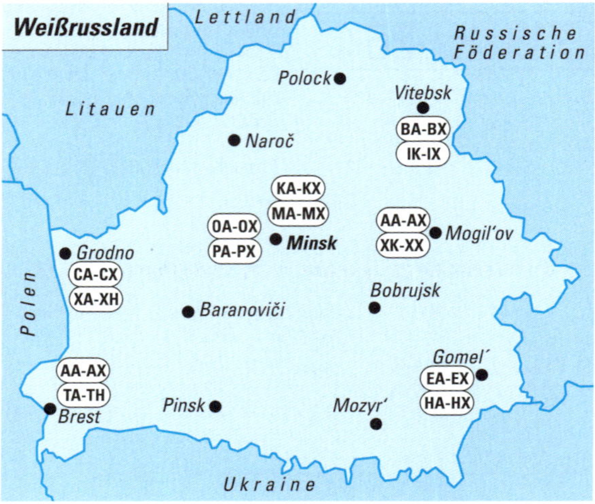

AA–AX *Gebiet Brest, Gebiet Mogil'ov*
BA–BX *Gebiet Vitebsk*
CA–CX *Gebiet Grodno*
EA–EX *Gebiet Gomel'*
HA–HX *Gebiet Gomel'*
IK–IX *Gebiet Vitebsk*
KA–KX *Stadt Minsk*
MA–MX *Stadt Minsk*
OA–OX *Gebiet Minsk*
PA–PX *Gebiet Minsk*
TA–TH *Gebiet Brest*
XA–XH *Gebiet Grodno*
XK–XX *Gebiet Mogil'ov*

Wissenswertes über Weißrussland

Fläche: 207 595 qkm
Einwohner: 10,3 Mio.
Bevölkerungsdichte: 48 Einwohner pro qkm

Staatsform: Präsidialrepublik
Währung: Belarus-Rubel
Amtssprache: Weißrussisch
Gesprochene Sprachen: Weißrussisch, Russisch, Polnisch, Ukrainisch, Jiddisch

Religion: 60 % Russisch-Orthodoxe, 9 % Katholiken, 1 % Protestanten, muslimische und jüdische Minderheiten, 30 % konfessionslos
Zeit: Osteuropäische Zeit (MEZ + 1 Stunde)
Nationalfeiertag: 27. Juli

Hauptstadt: Mensk (Minsk)
Die größten Städte: Mensk (1 600 000 Ew.), Gomel' (480 000 Ew.), Mogil'ov (365 000 Ew.), Vitebsk (340 000 Ew.), Grodno (315 000 Ew.)
Längster Fluss: Dnjepr, 700 km weißrussischer Anteil, Gesamtlänge 2200 km
Höchster Berg: Dzerzinskaja, 346 m
Größter See: Naroc, 80 qkm

Promillegrenze: Alkoholverbot

Höchstgeschwindigkeiten in Weissrußland

	innerhalb v. Ortschaften	außerhalb v. Ortschaften	Schnellstraßen	Autobahnen
Pkw	60 km/h	90 km/h	–	110 km/h
Pkw mit Anhänger	50 km/h	90 km/h	–	90 km/h
Motorrad	50 km/h	90 km/h	–	–

Die Schweizer Autokennzeichen sind weiß und haben schwarze Beschriftung. Ganz links steht das Schweizer Wappen. Die folgenden zwei Buchstaben geben den Kanton an. Das Kantonswappen schließt das Nummernschild auf der rechten Seite ab.

Die Kennzeichen werden von 1 bis 999 999 durchnummeriert. Einmal zugeteilte Nummern behalten ihre Gültigkeit, auch wenn das Fahrzeug wechselt. Niedrige Nummern gelten als besonders vornehm. Für zwei- bis dreistellige Nummern werden mehrere tausend Franken geboten. Taucht am Ende der Zahlenreihe ein Buchstabe auf, so handelt es sich entweder um einen Mietwagen (Buchstabe V) oder um ein Händlerfahrzeug (Buchstabe U). Arbeitsfahrzeuge (z. B. Feuerwehr) haben blaue und landwirtschaftliche Fahrzeuge grüne Schilder. Bei sog. Ausnahmefahrzeugen (z. B. Kran) ist das Nummernschild braun und bei Motorrollern gelb.

AG	*Aargau*
AI	*Appenzell Innerrhoden*
AR	*Appenzell Ausserrhoden*
BE	*Bern*
BL	*Basel Land*
BS	*Basel Stadt*
FR	*Fribourg/Freiburg*
GE	*Genève (Genf)*
GL	*Glarus*
GR	*Graubünden/Grischuns/ Grigioni*
JU	*Jura*
LU	*Luzern*
NE	*Neuchâtel (Neuenburg)*
NW	*Nidwalden*

OW *Obwalden*
SG *St. Gallen*
SH *Schaffhausen*
SO *Solothurn*
SZ *Schwyz*
TG *Thurgau*
TI *Ticino (Tessin)*
UR *Uri*
VD *Vaud (Waadt)*
VS *Valais/Wallis*
ZG *Zug*
ZH *Zürich*

Sonderkennzeichen:

M *Militär*
P *Post*
A *Bundesbehörden*

Wissenswertes über die Schweiz

Fläche: 41 284 qkm
Einwohner: 7,2 Mio.
Bevölkerungsdichte:
179 Einwohner pro qkm

Staatsform: demokratischer, republikanischer Bundesstaat

Währung: 1 Schweizer Franken = 100 Rappen
Amtssprachen: Deutsch, Französisch, Italienisch, Rätoromanisch
Religion: 46 % Katholiken, 40 % Protestanten, 4 % Muslime, 0,7 % Juden, 9,3 % konfessionslos
Zeit: MEZ
Nationalfeiertag: 1. August

Hauptstadt: Bern
Die größten Städte:
Zürich (366 000 Ew.), Genève (Genf, 181 000 Ew.), Basel (164 000 Ew.), Bern (123 000 Ew.)
Längster Fluss: Rhein, 375 km Schweizer Anteil, Gesamtlänge 1320 km
Höchster Berg: Dufourspitze/Monte Rosa, 4634 m
Größter See: Genfer See, 347 qkm Schweizer Anteil, Gesamtfläche 581 qkm

Promillegrenze: 0,5

Höchstgeschwindigkeiten in der Schweiz

	innerhalb v. Ortschaften	außerhalb v. Ortschaften	Schnellstraßen	Autobahnen
Pkw	50 km/h	80 km/h	–	120 km/h
Pkw mit Anhänger	50 km/h	60/80 km/h	–	80 km/h
Motorrad	50 km/h	80 km/h	–	120 km/h

Die Autonummern bestehen aus drei Buchstaben und drei Zahlen. Die Buchstaben werden in alphabetischer und die Zahlen in numerischer Reihenfolge von 1 bis 999 vergeben. Am linken Rand sind EU-Sternenkreis und Ländercode CY abgebildet. Mietwagen tragen rote Nummern. Die Vergabe der Kennzeichen ist nicht an Orte oder Regionen gebunden. Dies gilt für den griechischen Südteil der Insel.

Wissenswertes über Zypern

Fläche: 9251 qkm
Einwohner: 730 000
Bevölkerungsdichte: 83 Einwohner pro qkm
Staatsform: Republik
Währung: 1 Zypern-Pfund = 100 Cents
Amtssprache: Griechisch, Türkisch
Gesprochene Sprachen: Griechisch, Türkisch, Englisch
Religion: 80 % Griechisch-Orthodoxe, 19 % Muslime
Zeit: Osteuropäische Zeit (MEZ + 1 Stunde)
Nationalfeiertag: 1. Oktober
Hauptstadt: Lefkosia (Nikosia)
Die größten Städte: Lefkosia (195 000 Ew.), Lémessos (Limassol, 144 000 Ew.), Lárnaca (60 000 Ew.), Páphos (36 000 Ew.), Famagusta (23 000 Ew.)
Längster Fluss: Pedias, 100 km
Höchster Berg: Olympos, 1953 m
Größter See: Salzsee von Akrotiri, 15 qkm
Promillegrenze: 0,4

Höchstgeschwindigkeiten auf Zypern

	innerhalb v. Ortschaften	außerhalb v. Ortschaften	Schnellstraßen	Autobahnen
Pkw	50 km/h	80 km/h	–	100 km/h
Pkw mit Anhänger	50 km/h	80 km/h	–	100 km/h
Motorrad	50 km/h	80 km/h	–	100 km/h

Die tschechischen Autokennzeichen haben schwarze Schrift auf weißem Untergrund. Seit 1. Mai 2004 werden die Kennzeichen mit EU-Sternenkreis und Nationalkennzeichen CZ vergeben. Vor einigen Jahren wurde ein neues Kennzeichensystem eingeführt. Die tschechischen Kennzeichen sind gut an den auffälligen TÜV-Plaketten in den Farben Rot und Grün zu erkennen.

Die neuen Kennzeichen bestehen aus einem Buchstaben-Ziffern-Block und einer Zahl, getrennt durch die TÜV-Siegel. Der Buchstabe gibt dabei an, aus welchem Gebiet das Fahrzeug stammt.

A	*Praha (Prag)*
B	*Brno (Brünn)*
C	*České Budějovice (Budweis)*
E	*Pardubice*
H	*Hradec Králové (Königgrätz)*
J	*Jihlava (Iglau)*
K	*Karlovy Vary (Karlsbad)*
L	*Liberec (Reichenberg)*
M	*Olomouc (Olmütz)*
P	*Plzeň (Pilsen)*
S	*Kladno*
T	*Ostrava (Mährisch-Ostrau)*
U	*Ústí nad Labem (Aussig)*
Z	*Zlin*

Die alten tschechischen Kennzeichen begannen mit zwei oder drei Buchstaben, gefolgt von zwei Ziffernpaaren. Die ersten beiden Buchstaben gaben die Herkunft des Autos an.

AB–AZ	*Praha (Prag)*
BE	*Beroun*
BI	*Brno-venkov (Brünn)*
BK	*Blansko*
BM	*Brno-město (Brünn)*
BN	*Benešov*
BO	*Brno-venkov (Brünn)*
BR	*Bruntál (Freudenthal)*
BS	*Brno-město (Brünn)*
BV	*Brěclav*
BZ	*Brno-město (Brünn)*
CB–CE	*České Budějovice (Budweis)*
CH	*Cheb (Eger)*
CK	*Český Krumlov (Krummau)*
CL	*Česka Lipa (Böhmisch Leipa)*
CR	*Chrudim*
CV	*Chomutov (Komotau)*
DC	*Děčin (Tetschen)*
DO	*Domažlice (Taus)*
FI–FM	*Frýdek-Mistek*
HB	*Havlíčkův Brod*
HK	*Hradec Králové (Königgrätz)*
HO	*Hodonin*
HR	*Hradec Králové (Königgrätz)*
JC	*Jičin*
JI	*Jihlava (Iglau)*
JH	*Jindřichův Hradec (Neuhaus)*
JN	*Jablonec nad Nisou (Gablonz)*
KA	*Kárviná*
KD	*Kladno*
KH	*Kutná Hora*

KI	*Karviná*
KL	*Kladno*
KM	*Kroměříž*
KO	*Kolin*
KR	*Karlovy Vary (Karlsbad)*
KT	*Klatovy (Klattau)*
KV	*Karlovy Vary (Karlsbad)*
LB–LI	*Liberec (Reichenberg)*
LN	*Louny*
LT	*Litoměřice (Leitmeritz)*
MB	*Mladá Boleslav (Jungbunzlau)*
ME	*Mělnik*
MO	*Most (Brüx)*
NA	*Nachod*
NB	*Nymburk*
NJ	*Nový Jičin*
OC–OM	*Olomouc (Olmütz)*
OP	*Opava (Troppau)*
OS–OV	*Ostrava-město (Mährisch Ostrau)*
PA	*Pardubice*
PB	*Přibram*
PC	*Praha-západ (Prag-West)*
PE	*Pelhřimov*
PH	*Praha-východ (Prag-Ost)*
PI	*Písek*
PJ	*Plzeň-jih (Pilsen-Süd)*
PM–PN	*Plzeň-město (Pilsen-Stadt)*
PR	*Přerov*
PS	*Plzeň-sever (Pilsen)*
PT	*Prachatice*
PU	*Pardubice*
PV	*Prostějov*
PY	*Praha-východ (Prag-Ost)*
PZ	*Praha-západ (Prag-Wet)*
RA	*Rakovnik*
RK	*Rychnov nad Kněžnov*
RO	*Rokycany*
SM	*Semily*
SO	*Sokolov (Falkenau)*
ST	*Strakonice*
SU	*Šumperk (Mährisch Schönberg)*
SY	*Svitavy (Zwittau)*
TA	*Tábor*
TC	*Tachov*
TP	*Teplice (Teplitz-Schönau)*
TR	*Třebič*
TU	*Trutnov (Trautenau)*
UH	*Uherske Hradiště*
UL	*Ústí nad Labem (Aussig)*
UO	*Ústí nad Orlici*
US	*Ústí nad Labem (Aussig)*

VS *Vsetin*
VY *Vyškov*
ZL *Zlin*
ZN *Znojmo (Znaim)*
ZR *Ždár nad Sázavou*

Wissenswertes über die Tschechische Republik

Fläche: 78 866 qkm
Einwohner: 10,28 Mio.
Bevölkerungsdichte: 130 Einwohner pro qkm

Staatsform: Republik
Währung: 1 Tschechische Krone = 100 Heller
Amtssprache: Tschechisch
Gesprochene Sprachen: Tschechisch, Slowakisch
Religion: 27 % Katholiken, 2,4 % Protestanten, 59 % konfessionslos
Zeit: MEZ
Nationalfeiertag: 28. Oktober

Hauptstadt: Praha (Prag)
Die größten Städte:
Praha (1 200 000 Ew.),
Brno (Brünn, 390 000 Ew.),
Ostrava (Ostrau, 311 000 Ew.),
Plzeň (Pilsen, 163 000 Ew.),
Olomouc (Olmütz, 104 000 Ew.)
Längster Fluss: Moldau, 435 km
Höchster Berg: Suezka (Schneekoppe), 1602 m
Größter See: Stausee Lipenská, 47 qkm

Promillegrenze: absolutes Alkoholverbot
Bekannte Automarken: Škoda, Tatra

Höchstgeschwindigkeiten in Tschechien

	innerhalb v. Ortschaften	außerhalb v. Ortschaften	Schnellstraßen	Autobahnen
Pkw	50 km/h	90 km/h	130 km/h	130 km/h
Pkw mit Anhänger	50 km/h	80 km/h	80 km/h	80 km/h
Motorrad	50 km/h	90 km/h	130 km/h	130 km/h

Die deutschen Autokennzeichen beginnen mit ein bis drei Buchstaben, an denen man die Herkunft des Fahrzeuges erkennen kann. Nach einem Strich folgen noch einmal höchstens zwei Buchstaben, die nach alphabetischer Reihenfolge vergeben werden, und bis zu vier Ziffern. Das Nummernschild selbst ist weiß, die Schrift schwarz.

Bei den neueren Kennzeichen ist am linken Rand ein blaues Band mit dem Zeichen der EU zu sehen. Darunter befindet sich der Buchstabe D als Nationalitätskennzeichen. Bei den Buchstaben und Ziffern wird eine geänderte Schrifttype verwendet, die Fälschungen erschweren soll. Die Erkennungsbuchstaben der Zulassungsstelle werden von der Buchstaben-Ziffern-Kombination des Kennzeichens durch zwei Siegel getrennt. Das obere ist die TÜV-Plakette. Seit neuestem wird für das untere Symbol das farbige Wappen des jeweiligen Bundeslandes verwendet. Behördenfahrzeuge erkennt man daran, dass nach dem Kennbuchstaben der Zulassungsstelle keine weiteren Buchstaben mehr folgen, sondern nur noch Ziffern (z. B. CO-2000). Genauso verhält es sich mit den so genannten Überführungskennzeichen für Händler. Die Aufschrift ist bei diesen Schildern in Rot gehalten. Saisonkennzeichen zeigen rechts die Angabe zweier Monate übereinander.

Bei Kennzeichen mit grüner Beschriftung handelt es sich um Fahrzeuge, die eine Steuervergünstigung genießen (z. B. landwirtschaftliche Fahrzeuge). Ausfuhrkennzeichen haben am rechten Schilderrand einen roten Streifen, auf dem angegeben ist, bis zu welchem Datum das Schild gültig ist.

Historische Fahrzeuge erhalten nach der Zahl zusätzlich den Buchstaben H (z. B.: MG-B 74 H).

Die US-Streitkräfte verwenden seit zwei Jahren Autonummern, die den deutschen Eurokennzeichen entsprechen. Sie unterscheiden sich nur im blauen Eurofeld, das bei den US-Kennzeichen das NATO-Emblem und den Schriftzug »USA« enthält. Als Kürzel werden **AD**, **AF** *und* **HK** *vergeben.*

*Die nachstehende Liste enthält die Abkürzungen der Landkreise und kreisfreien Städte. In den Fällen, in denen der Name des Kreises nicht mit der Kreishauptstadt identisch ist, ist diese in Klammern angegeben. Noch gültige Kennzeichen in Ostdeutschland sowie einige in Westdeutschland, die jedoch nicht mehr zugeteilt werden und demnächst auslaufen, sind in der Liste mit einem * markiert. Die für den jeweiligen Kreis aktuellen Kennzeichen findet man hinter dem Pfeil.*

Die Verweise NO, NW, SO und SW beziehen sich auf die Karten auf den Seiten 29, 31, 33, 35.

A *Augsburg; SO*
AA *Ostalbkreis (Aalen); SW*
AB *Aschaffenburg; SW*
ABG *Altenburger-Land (Altenburg); SO*
AC *Aachen*
AE* *Auerbach → V*
AH* *Ahaus → BOR*
AIB* *Bad Aibling → RO*
AIC *Aichach-Friedberg; SO*
AK *Altenkirchen Westerwald; SW*
AL* *Altena → MK*
ALF* *Alfeld Leine → HI*
ALS* *Vogelsbergkreis (Alsfeld) → VB*
ALZ* *Alzenau in Unterfranken → AB*
AM *Amberg; SO*
AN *Ansbach; SO*
ANA *Annaberg; SO*
ANG* *Angermünde → UM*
ANK* *Ostvorpommern (Anklam) → OVP*
AÖ *Altötting; SO*
AP *Weimarer-Land (Apolda); SO*
APD* *Apolda → AP*
AR* *Arnsberg → HSK*
ARN* *Arnstadt → IK*
ART* *Artern → KYF*
AS *Amberg-Sulzbach; SO*
ASD* *Aschendorf-Hümmling → EL*
ASL *Aschersleben-Staßfurt; NO*
ASZ *Aue-Schwarzenberg; SO*
AT* *Altentreptow → DM*
AU* *Aue → ASZ*
AUR *Aurich; NW*
AW *Ahrweiler (Bad Neuenahr-Ahrweiler); SW*
AZ *Alzey-Worms; SW*
AZE *Anhalt-Zerbst (Coswig); NO*

B *Berlin; NO*
BA *Bamberg; SO*
BAD *Baden-Baden; SW*
BAR *Barnim (Eberswalde); NO*
BB *Böblingen; SW*
BBG *Bernburg; NO*
BC *Biberach/Riß; SW*
BCH* *Buchen Odenwald → MOS*
BE* *Beckum → WAF*
BED* *Brand-Erbisdorf → FG*
BEI* *Beilngries → EI*
BEL* *Belzig → PM*
BER* *Bernau → BAR*
BF* *Steinfurt → ST*
BGD* *Berchtesgaden → BGL*
BGL *Berchtesgadener Land (Bad Reichenhall); SO*
BH* *Bühl/Baden → RA*
BI *Bielefeld; NW*
BID* *Biedenkopf → MR*
BIN* *Bingen/Rhein → MZ*
BIR *Birkenfeld/Nahe, Idar-Oberstein; SW*
BIT *Bitburg-Prüm; SW*
BIW* *Bischofswerda → BZ*
BK* *Backnang → WN*
BKS* *Bernkastel-Kues → WILL*
BL *Zollernalbkreis (Balingen); SW*
BLB* *Wittgenstein (Berleburg) → SI*
BLK *Burgenlandkreis (Naumburg); SO*
BM *Erftkreis (Bergheim); SW*
BN *Bonn; SW*
BNA* *Borna → L*
BO *Bochum; NW*
BÖ *Bördekreis (Oschersleben); NO*
BOG* *Bogen → SR*
BOH* *Bocholt → BOR*
BOR *Borken; NW*
BOT *Bottrop; NW*
BR* *Bruchsal → KA*

BRA *Wesermarsch-Brake; NW*
BRB *Brandenburg; NO*
BRG* *Burg → JL*
BRI* *Brilon → HSK*
BRK* *Bad Brückenau → KG*
BRL* *Blankenburg (Braunlage) → GS*
BRV* *Bremervörde → ROW*
BS *Braunschweig; NO*
BSB* *Bersenbrück → OS*
BSK* *Beeskow → LOS*
BT *Bayreuth; SO*
BTF *Bitterfeld; NO*
BU* *Burgdorf → H*
BÜD* *Büdingen → FB*
BÜR* *Büren → PB*
BÜS *Kreis Konstanz (Büsingen); SW*
BÜZ* *Bützow → GÜ*
BUL* *Burglengenfeld → SAD*
BZ *Bautzen; NO*
BZA* *Bergzabern → SÜW*

C *Chemnitz; SO*
CA* *Calau → OSL*
CAS* *Castrop-Rauxel → RE*
CB *Cottbus; NO*
CE *Celle; NW*
CHA *Cham; SO*
CLP *Cloppenburg; NW*
CLZ* *Clausthal-Zellerfeld → GS*
CO *Coburg; SO*
COC *Cochem-Zell; SW*
COE *Coesfeld; NW*
CR* *Crailsheim → SHA*
CUX *Cuxhaven; NW*
CW *Calw; SW*

D *Düsseldorf; NW*
DA *Darmstadt; SW*
DAH *Dachau; SO*
DAN *Lüchow-Dannenberg; NO*
DAU *Daun; SW*
DBR *Bad Doberan; NO*
DD *Dresden; SO*
DE *Dessau; NO*
DEG *Deggendorf; SO*
DEL *Delmenhorst; NW*
DGF *Dingolfing-Landau; SO*
DH *Diepholz; NW*
DI* *Dieburg → DA*
DIL* *Dillkreis (Dillenburg) → LDK*
DIN* *Dinslaken → WES*
DIZ* *Unterlahnkreis (Diez) → EMS*
DKB* *Dinkelsbühl → AN*
DL *Döbeln; SO*
DLG *Dillingen a. d. Donau; SO*
DM *Demmin; NO*
DN *Düren; SW*
DO *Dortmund; NW*
DON *Donau-Ries (Donauwörth); SO*
DS* *Donaueschingen → VS*
DT* *Lippe (Detmold) → LIP*
DU *Duisburg; NW*
DUD* *Duderstadt → GÖ*
DÜW *Bad Dürkheim/Weinstraße; SW*
DW *Weißeritzkreis (Dippoldiswalde); SO*
DZ *Delitzsch; NO*

E *Essen; NW*
EA *Eisenach; SW*
EB* *Eilenburg → DZ*
EBE *Ebersberg; SO*
EBN* *Ebern → HAS*
EBS* *Ebermannstadt → FO*
ECK* *Eckernförde → RD*
ED *Erding; SO*
EE *Elbe-Elster-Kreis (Bad Liebenwerda); NO*
EF *Erfurt; SO*
EG* *Eggenfelden → PAN*
EH* *Eisenhüttenstadt → LOS*
EHI* *Ehingen/Donau → UL*
EI *Eichstätt; SO*

EIC *Eichsfeld (Heiligenstadt); NW*
EIH* *Eichstätt → EI*
EIL* *Eisleben → ML*
EIN* *Einbeck → NOM*
EIS* *Eisenberg → SHK*
EL *Emsland (Meppen); NW*
EM *Emmendingen; SW*

EMD *Emden; NW*
EMS *Rhein-Lahn-Kreis (Bad Ems), Lahnstein; SW*
EN *Ennepe-Ruhr-Kreis (Schwelm); NW*
ER *Erlangen; SO*
ERB *Odenwaldkreis (Erbach); SW*

ERH *Erlangen-Höchstadt; SO*
ERK* *Erkelenz → HS*
ES *Esslingen/Neckar; SW*
ESA* *Eisenach → WAK*
ESB* *Eschenbach/Oberpfalz → NEW*
ESW *Werra-Meißner-Kreis (Eschwege); SW*
EU *Euskirchen; SW*
EUT* *Eutin → OH*
EW* *Eberswalde → BAR*

F *Frankfurt/Main; SW*
FAL* *Fallingbostel → SFA*
FB *Wetteraukreis (Friedberg/ Hessen); SW*
FD *Fulda; SW*
FDB* *Friedberg → AIC*
FDS *Freudenstadt; SW*
FEU* *Feuchtwangen → AN*
FF *Frankfurt/Oder; NO*
FFB *Fürstenfeldbruck; SO*
FG *Freiberg; SO*
FH* *Main-Taunus-Kreis → MTK*
FI* *Finsterwalde → EE*
FKB* *Frankenberg/Eder → KB*
FL *Flensburg; NW*
FLÖ* *Flöha → FG*
FN *Bodenseekreis (Friedrichshafen); SW*
FO *Forchheim; SO*
FOR* *Forst → SPN*
FR *Freiburg/Breisgau, Breisgau-Hochschwarzwald; SW*
FRG *Freyung-Grafenau; SO*
FRI *Friesland (Jever); NW*
FRW* *Bad Freienwalde → MOL*
FS *Freising; SO*
FT *Frankenthal/Pfalz; SW*
FTL* *Freital → DW*
FÜ *Fürth/Bayern; SO*
FÜS* *Füssen → OAL*
FW* *Fürstenwalde → LOS*
FZ* *Fritzlar-Homberg → HR*

G *Gera; SO*
GA* *Gardelegen → SAW*
GAN* *Bad Gandersheim → NOM*
GAP *Garmisch-Partenkirchen; SO*
GC *Chemnitzer Land (Glauchau); SO*
GD* *Schwäbisch Gmünd → AA*
GDB* *Gardebusch → NWM*
GE *Gelsenkirchen; NW*
GEL* *Geldern → KLE*
GEM* *Gemünden → MSP*
GEO* *Gerolzhofen → SW*
GER *Germersheim; SW*
GF *Gifhorn; NO*
GG *Groß-Gerau; SW*
GHA* *Geithain → L*
GHC* *Gräfenhainichen → WB*
GI *Gießen; SW*
GK* *Geilenkirchen-Heinsberg → HS*
GL *Rhein.-Berg.-Kreis (Bergisch Gladbach); SW*
GLA* *Gladbeck → RE*
GM *Oberbergischer Kreis (Gummersbach); SW*
GMN* *Grimmen → NVP*
GN* *Gelnhausen → HU*
GNT* *Genthin → JL*
GOA* *Sankt Goar → SIM*
GÖ *Göttingen; NW*
GOH* *St. Goarshausen → EMS*
GP *Göppingen; SW*
GR *Görlitz; NO*
GRA* *Grafenau → FRG*
GRH* *Großenhain → RG*
GRI* *Griesbach → PA*
GRM* *Grimma → MTL*
GRS* *Gransee → OHV*
GRZ *Greiz; SO*
GS *Goslar; NW*
GT *Gütersloh (Rheda-Wiedenbrück); NW*

GTH *Gotha; SO*
GUB* *Guben → SPN*
GÜ *Güstrow; NO*
GUN* *Gunzenhausen → WUG*
GV* *Grevenbroich → NE*
GVM* *Grevesmühlen → NWM*
GW* *Greifswald → OVP*
GZ *Günzburg; SW*

H *Hannover; NW*
HA *Hagen; NW*
HAB* *Hammelburg → KG*
HAL *Halle/Saale; NO*
HAM *Hamm/Westfalen; NW*
HAS *Haßberge (Haßfurt); SO*
HB *Hansestadt Bremen, Bremerhaven; NW*

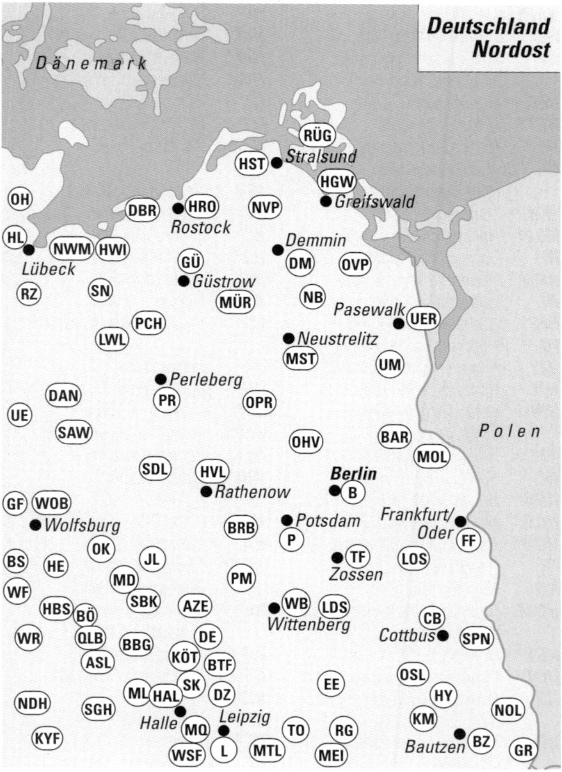

HBN *Hildburghausen; SO*
HBS *Halberstadt; NO*
HC* *Hainichen → MW*
HCH* *Hechingen → BL*
HD *Rhein-Neckar-Kreis, Heidelberg; SW*
HDH *Heidenheim/Brenz; SW*
HDL* *Haldensleben → OK*
HE *Helmstedt; NO*
HEB* *Hersbruck → LAU*
HEF *Hersfeld-Rotenburg; SW*
HEI *Dithmarschen (Heide/Holstein); NW*
HER *Herne; NW*
HET* *Hettstedt → ML*
HF *Herford (Kirchlengern); NW*
HG *Hochtaunuskreis (Bad Homburg); SW*
HGN* *Hagenow → LWL*
HGW *Hansestadt Greifswald; NO*
HH *Hansestadt Hamburg; NW*
HHM* *Hohenmölsen → WSF*
HI *Hildesheim; NW*
HIG* *Heiligenstadt → EIC*
HIP* *Hilpoltstein → RH*
HL *Hansestadt Lübeck; NO*
HM *Hameln-Pyrmont; NW*
HMÜ* *Hannoversch Münden → GÖ*
HN *Heilbronn/Neckar; SW*
HO *Hof; SO*
HÖS* *Höchstadt/Aisch → ERH*
HOG* *Hofgeismar → KS*
HOH* *Hofheim/Unterfranken → HAS*
HOL *Holzminden; NW*
HOM *Saarpfalz-Kreis (Homburg); SW*
HOR* *Horb → FDS*
HOT* *Hohenstein-Ernstthal → GC*
HP *Bergstraße (Heppenheim); SW*
HR *Schwalm-Eder-Kreis (Homberg); SW*
HRO *Hansestadt Rostock; NO*
HS *Heinsberg; SW*
HSK *Hochsauerlandkreis (Meschede); NW*
HST *Hansestadt Stralsund; NO*
HU *Main-Kinzig-Kreis (Hanau); SW*
HÜN* *Hünfeld → FD*
HUS* *Husum → NF*
HV* *Havelberg → SDL*
HVL *Havelland (Rathenow); NO*
HW* *Halle/Westfalen → GT*
HWI *Hansestadt Wismar; NO*
HX *Höxter; NW*
HY *Hoyerswerda; NO*
HZ* *Herzberg → EE*

IGB *St. Ingbert; SW*
IK *Ilm-Kreis (Arnstadt); SO*
IL* *Ilmenau → IK*
ILL* *Illertissen → NU*
IN *Ingolstadt; SO*
IS* *Iserlohn → MK*
IZ *Steinburg (Itzehoe); NW*

J *Jena; SO*
JB* *Jüterbog → TF*
JE* *Jessen → WB*
JEV* *Friesland (Jever) → FRI*
JL *Jerichower Land (Burg); NO*
JÜL* *Jülich → DN*

K *Köln; SW*
KA *Karlsruhe; SW*
KAR* *Main-Spessart-Kreis (Karlstadt) → MSP*
KB *Waldeck-Frankenberg (Korbach); SW*
KC *Kronach; SO*
KE *Kempten/Allgäu; SW*
KEH *Kelheim; SO*
KEL* *Kehl → OG*
KEM* *Kemnath → TIR*
KF *Kaufbeuren; SO*

KG *Bad Kissingen; SW*
KH *Bad Kreuznach; SW*
KI *Kiel; NW*
KIB *Donnersbergkreis (Kirchheimbolanden); SW*
KK* *Kempen-Krefeld → VIE*
KL *Kaiserslautern; SW*
KLE *Kleve; NW*
KLZ* *Klötze (SAW)*
KM *Kamenz; NO*
KN *Konstanz; SW*
KO *Koblenz; SW*
KÖN* *Königshofen i. Grabfeld → NES*
KÖT *Köthen; NO*
KÖZ* *Kötzting → CHA*

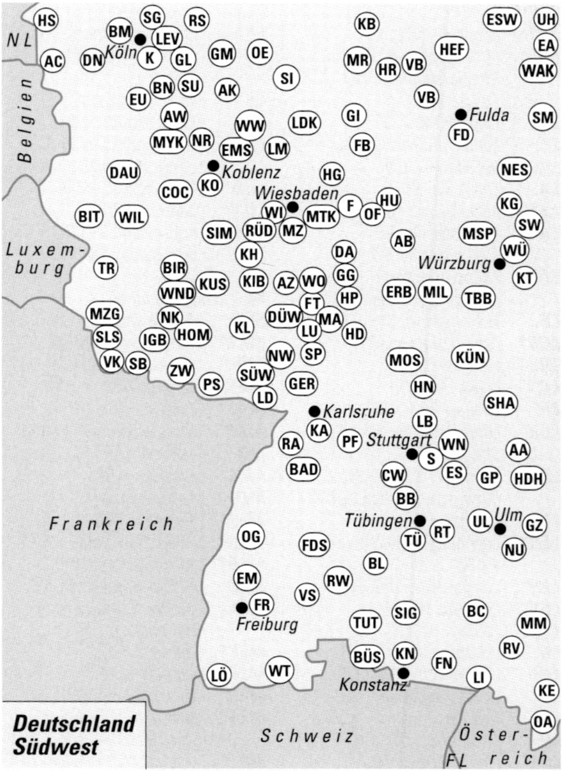

Deutschland Südwest

KR *Krefeld; NW*
KRU* *Krumbach → GZ*
KS *Kassel; NW*
KT *Kitzingen; SW*
KU *Kulmbach; SO*
KÜN *Hohenlohekreis (Künzelsau); SW*
KUS *Kusel; SW*
KW* *Königs Wusterhausen → LDS*
KY* *Kyritz → OPR*
KYF *Kyffhäuserkreis (Sondershausen); NO*

L *Leipzig; NO*
L* *Lahn-Dill-Kreis (Gießen, Wetzlar) → LDK/GI*
LA *Landshut; SO*
LAN* *Landau/Isar → DGF*
LAT* *Vogelsbergkreis (Lauterbach) → VB*
LAU *Nürnberger Land (Lauf an der Pegnitz); SO*
LB *Ludwigsburg; SW*
LBS* *Lobenstein → SOK*
LBZ* *Lübz → PCH*
LC* *Luckau → LDS*
LD *Landau/Pfalz; SW*
LDK *Lahn-Dill-Kreis (Wetzlar); SW*
LDS *Landkreis Dahme-Spree (Königs Wusterhausen); NO*
LE* *Lemgo → LIP*
LEO* *Leonberg/Württemberg → BB*
LER *Leer/Ostfriesland; NO*
LEV *Leverkusen; SW*
LF* *Laufen → BGL*
LG *Lüneburg; NW*
LH* *Lüdinghausen → COE*
LI *Lindau/Bodensee; SW*
LIB* *Bad Liebenwerda → EE*
LIF *Lichtenfels; SO*
LIN* *Lingen/Ems → EL*
LIP *Lippe-Detmold; NW*
LK* *Lübbecke → MI*
LL *Landsberg a. Lech; SO*
LM *Limburg-Weilburg; SW*
LN* *Lübben → LDS*
LÖ *Lörrach; SW*
LÖB* *Löbau → ZI*
LOH* *Lohr/Main → MSP*
LOS *Landkreis Oder-Spree (Beeskow); NO*
LP* *Lippstadt (Detmold) → SO*
LR* *Lahr/Schwarzwald → OG*
LS* *Märkischer Kreis (Lüdenscheid) → MK*
LSZ* *Bad Langensalza → UH*
LU *Ludwigshafen/Rhein; SW*
LÜD* *Lüdenscheid → MK*
LÜN* *Lünen → UN*
LUK* *Luckenwalde → TF*
LWL *Ludwigslust; NO*

M *München; SO*
MA *Mannheim; SW*
MAB* *Marienberg → MEK*
MAI* *Mainburg → KEH/FS*
MAK* *Marktredwitz → WUN*
MAL* *Mallersdorf → SR*
MAR* *Marktheidenfeld → MSP*
MB *Miesbach; SO*
MC* *Malchin → DM*
MD *Magdeburg; NO*
ME *Mettmann; NW*
MED* *Meldorf/Holstein → HEI*
MEG* *Melsungen → HR*
MEI *Meißen-Spreewald; NO*
MEK *Mittlerer Erzgebirgskreis (Marienberg); SO*
MEL* *Melle → OS*
MEP* *Meppen → EL*
MER* *Merseburg → MQ*
MES* *Hochsauerlandkreis (Meschede) → HSK*
MET* *Mellrichstadt → NES*

MG *Mönchengladbach; NW*
MGH* *Bad Mergentheim → TBB*
MGN* *Meiningen → SM*
MH *Mühlheim an der Ruhr; NW*
MHL* *Mühlhausen → UH*
MI *Minden-Lübbecke (Minden); NW*
MIL *Miltenberg; SW*
MK *Märkischer Kreis (Lüdenscheid); NW*
ML *Mansfelder Land (Eisleben); NO*
MM *Memmingen; SW*
MN *Unterallgäu (Mindelheim); SO*
MO* *Moers → WES*

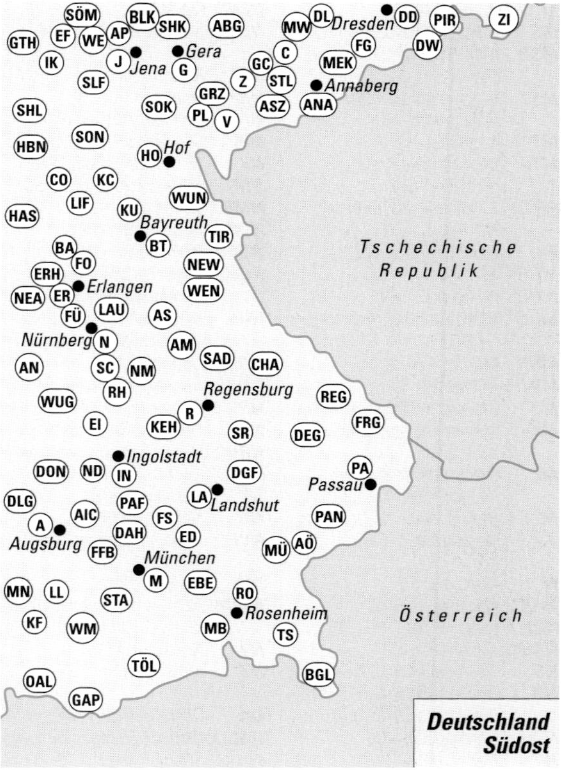

Deutschland Südost

MOD* *Ostallgäu (Marktoberdorf) → OAL*
MOL *Märkisch-Oderland (Bad Freienwalde); NO*
MON* *Monschau → AC*
MOS *Neckar-Odenwald-Kreis (Mosbach); SW*
MQ *Merseburg-Querfurt; NO*
MR *Marburg-Biedenkopf (Marburg); SW*
MS *Münster/Westfalen; NW*
MSP *Main-Spessart (Karlstadt); SW*
MST *Mecklenburg-Strelitz (Neustrelitz); NO*
MT* *Montabaur → WW*
MTK *Main-Taunus-Kreis (Hofheim); SW*
MTL *Muldentalkreis (Grimma); NO*
MÜ *Mühldorf a. Inn; SO*
MÜB* *Münchberg → HO*
MÜL* *Müllheim → FR*
MÜN* *Münsingen/Württemberg → RT*
MÜR *Müritz (Waren); NO*
MW *Mittweida; SO*
MY* *Mayen → MYK*
MYK *Mayen-Koblenz, Andernach; SW*
MZ *Mainz, Mainz-Bingen (Bingen); SW*
MZG *Merzig-Wadern/Saar (Merzig/Saar); SW*

N *Nürnberg; SO*
NAB* *Nabburg → SAD*
NAI* *Naila → HO*
NAU* *Nauen → HVL*
NB *Neubrandenburg; NO*
ND *Neuburg-Schrobenhausen (Neuburg a. d. Donau); SO*
NDH *Nordhausen; NO*
NE *Neuss; NW*
NEA *Neustadt an der Aisch-Bad Windsheim (Neustadt a. d. Aisch); SO*
NEB* *Nebra → BLK*
NEC* *Neustadt bei Coburg → CO*
NEN* *Neunburg vorm Wald → SAD*
NES *Rhön-Grabfeld (Bad Neustadt an der Saale); SW*
NEU* *Neuschwarzwald → FR*
NEW *Neustadt an der Waldnaab; SO*
NF *Nordfriesland (Husum); NW*
NH* *Neuhaus → SON*
NI *Nienburg/Weser; NW*
NIB* *Süd-Tondern (Niebüll) → NF*
NK *Neunkirchen/Saar; SW*
NM *Neumarkt/Oberpfalz; SO*
NMB* *Naumburg → BLK*
NMS *Neumünster; NW*
NÖ* *Nördlingen → DON*
NOH *Grafschaft Bentheim (Nordhorn); NW*
NOL *Niederschlesischer Oberlausitzkreis (Niesky); NO*
NOM *Northeim; NW*
NOR* *Norden → AUR*
NP* *Neuruppin → OPR*
NR *Neuwied/Rhein; SW*
NRÜ* *Neustadt am Rübenberge → H*
NT* *Nürtingen → ES*
NU *Neu-Ulm; SW*
NVP *Nordvorpommern (Grimmen); NO*
NW *Neustadt/Weinstraße; SW*
NWM *Nordwestmecklenburg (Grevesmühlen); NO*
NY* *Niesky → NOL*
NZ* *Neustrelitz → MST*

OA *Oberallgäu (Sonthofen); SW*
OAL *Ostallgäu (Marktoberdorf); SO*

OB *Oberhausen; NW*
OBB* *Obernburg/Main → MIL*
OBG* *Osterburg → SDL*
OC* *Bördekreis (Oschersleben) → BÖ*
OCH* *Ochsenfurt → WÜ*
OD *Stormarn (Bad Oldesloe); NW*
OE *Olpe; SW*
ÖHR* *Öhringen → KÜN*
OF *Offenbach/Main; SW*
OG *Ortenaukreis (Offenburg); SW*
OH *Ostholstein (Eutin); NO*
OHA *Osterode/Harz; NW*
OHV *Oberhavel (Oranienburg); NO*
OHZ *Osterholz-Scharmbeck; NW*
OK *Ohrekreis (Haldensleben); NO*
OL *Oldenburg, Oldenburg (Wildeshausen); NW*
OLD* *Oldenburg/Holstein → OH*
OP* *Rhein-Wupper-Kreis (Opladen) → GL*
OPR *Ostprignitz-Ruppin (Neuruppin); NO*
OR* *Oranienburg → OHV*
OS *Osnabrück; NW*
OSL *Oberspreewald-Lausitz (Senftenberg); NO*
OTT* *Otterndorf → CUX*
OTW* *Ottweiler → NK*
OVI* *Oberviechtach → SAD*
OVL* *Obervogtland → V*
OVP *Ostvorpommern (Anklam)*
OZ* *Oschatz → TO*

P *Potsdam; NO*
PA *Passau; SO*
PAF *Pfaffenhofen an der Ilm; SO*
PAN *Rottal-Inn (Pfarrkirchen); SO*
PAR* *Parsberg → NM*
PB *Paderborn; NW*
PCH *Parchim; NO*
PE *Peine; NW*
PEG* *Pegnitz → BT*
PER* *Perleberg → PR*
PF *Pforzheim, Enzkreis (Pforzheim); SW*
PI *Pinneberg; NW*
PIR *Sächsische Schweiz (Pirna); SO*
PK* *Pritzwalk → PR*
PL *Plauen; SO*
PLÖ *Plön/Holstein; NW*
PM *Potsdam-Mittelmark (Belzig); NO*
PN* *Pößneck → SOK*
PR *Prignitz (Perleberg); NO*
PRÜ* *Prüm/Eifel → BIT*
PS *Pirmasens; SW*
PW* *Pasewalk → UER*
PZ* *Prenzlau → UM*
QFT* *Querfurt → MQ*
QLB *Quedlinburg; NO*

R *Regensburg; SO*
RA *Rastatt; SW*
RC* *Reichenbach → V*
RD *Rendsburg (Eckernförde); NW*
RDG* *Ribnitz-Damgarten → NVP*
RE *Recklinghausen; NW*
REG *Regen; SO*
REH* *Rehau → HO*
REI* *Bad Reichenhall → BGL*
RG *Riesa-Großenhain (Großenhain); NO*
RH *Roth; SO*
RI* *Schaumburg (Rinteln) → SHG*
RID* *Riedenburg → KEH*
RIE* *Riesa → RG*
RL* *Rochlitz → MW*
RM* *Röbel/Müritz → MÜR*
RN* *Rathenow → HVL*

RO *Rosenheim; SO*
ROD* *Roding → CHA*
ROF* *Rotenburg/Fulda → HEF*
ROK* *Rockenhausen → KIB*
ROH* *Rotenburg/Hannover → ROW*
ROL* *Rottenburg/Laaber → LA*
ROS* *Rostock → DBR*
ROT* *Rothenburg/Tauber → AN*
ROW *Rotenburg/Wümme; NW*
RS *Remscheid; SW*
RSL* *Roßlau → AZE*
RT *Reutlingen; SW*
RU* *Rudolstadt → SLF*
RÜD *Rheingau-Taunus-Kreis (Bad Schwalbach); SW*
RÜG *Rügen (Bergen); NO*
RV *Ravensburg; SW*
RW *Rottweil; SW*
RY* *Rheydt → MG*
RZ *Lauenburg (Ratzeburg); NO*

S *Stuttgart; SW*
SAB* *Saarburg/Trier → TR*
SAD *Schwandorf; SO*
SÄK* *Bad Säckingen → WT*
SAN* *Stadtsteinach → KU*
SAW *Altmarkkreis (Salzwedel); NO*
SB *Saarbrücken; SW*
SBG* *Strasburg → UER*
SBK *Schönebeck; NO*
SC *Schwabach; SO*
SCZ* *Schleiz → SOK*
SDH* *Sondershausen → KYF*
SDL *Stendal; NO*
SDT* *Schwedt/Oder → UM*
SE *Segeberg; NW*
SEB* *Sebnitz → PIR*
SEE* *Seelow → MOL*
SEF* *Scheinfeld → NEA*
SEL* *Selb → WUN*
SF* *Oberallgäu (Sonthofen) → OA*
SFA *Soltau-Fallingbostel (Fallingbostel); NW*
SFB* *Senftenberg → OSL*
SFT* *Staßfurt → ASL*
SG *Solingen; SW*
SGH *Sangerhausen; NO*
SHA *Schwäbisch Hall; SW*
SHG *Schaumburg (Stadthagen); NW*
SHK *Saale-Holzlandkreis (Eisenberg); SO*
SHL *Suhl; SO*
SI *Siegen-Wittgenstein (Siegen); SW*
SIG *Sigmaringen; SW*
SIM *Rhein-Hunsrück-Kreis (Simmern); SW*
SK *Saalkreis (Halle); NO*
SL *Schleswig-Flensburg (Schleswig); NW*
SLE* *Schleiden → EU*
SLF *Saalfeld-Rudolstadt; SO*
SLG* *Saulgau → SIG*
SLN* *Schmölln → ABG*
SLS *Saarlouis; SW*
SLÜ* *Schlüchtern → HU*
SLZ* *Bad Salzungen → WAK*
SM *Schmalkalden-Meiningen (Meiningen); SW*
SMÜ* *Schwabmünchen → A*
SN *Schwerin; NO*
SNH* *Sinsheim/Elsenz → HD*
SO *Soest; NW*
SOB* *Schrobenhausen → ND*
SÖM *Sömmerda; SO*
SOG* *Schongau → WM*
SOK *Saale-Orla-Kreis (Oberböhmsdorf); SO*
SOL* *Soltau → SFA*
SON *Sonneberg; SO*
SP *Speyer; SW*
SPB* *Spremberg → SPN*
SPN *Spree-Neiße-Kreis (Forst); NO*

SPR* *Springe → H*
SR *Straubing, Kreis Straubing-Bogen (Straubing); SO*
SRB* *Strausberg → MOL*
SRO* *Stadtroda → SHK*
ST *Steinfurt; NW*
STA *Starnberg; SO*
STB* *Sternberg → PCH*
STD *Stade; NW*
STE* *Staffelstein → LIF*
STH* *Schaumburg-Lippe (Stadthagen) → SHG*
STL *Stollberg; SO*
STO* *Stockach/Baden → KN*
SU *Rhein-Sieg-Kreis (Siegburg); SW*
SÜW *Südliche Weinstraße (Landau); SW*
SUL* *Sulzbach-Rosenberg → AS*
SW *Schweinfurt; SW*
SWA* *Rheingau-Taunus-Kreis (Bad Schwalbach) → RÜD*
SY* *Syke → DH*
SZ *Salzgitter; NW*
SZB* *Schwarzenberg → ASZ*

TBB *Main-Tauber-Kreis (Tauberbischofsheim); SW*
TE* *Tecklenburg → ST*
TET* *Teterow → GU*
TF *Teltow-Fläming-Kreis (Zossen); NO*
TG* *Torgau → TO*
TIR *Tirschenreuth; SO*
TO *Torgau-Oschatz (Torgau); NO*
TÖL *Bad Tölz-Wolfratshausen (Bad Tölz); SO*
TÖN* *Eiderstedt (Tönning) → NF*
TP* *Templin → UM*
TR *Trier/Trier-Saarburg; SW*
TS *Traunstein; SO*
TT* *Tettnang/Württemb. → FN*
TÜ *Tübingen; SW*
TUT *Tuttlingen; SW*

UE *Uelzen; NO*
ÜB* *Überlingen/Bodensee → FN*
UEM* *Ueckermünde → UER*
UER *Uecker-Randow (Pasewalk)*
UFF* *Uffenheim → NEA*
UH *Unstrut-Hainich-Kreis (Mühlhausen); SW*
UL *Alb-Donau-Kreis (Ulm); SW*
UM *Uckermark (Prenzlau); NO*
UN *Unna; NW*
USI* *Usingen → HG*

V *Vogtlandkreis (Plauen); SO*
VAI* *Vaihingen/Enz → LB*
VB *Vogelsbergkreis (Lauterbach/Hessen); SW*
VEC *Vechta; NW*
VER *Verden/Aller; NW*
VIB* *Vilsbiburg → LA*
VIE *Viersen; NW*
VIT* *Viechtach → REG*
VK *Völklingen; SW*
VL* *Villingen/Schwarzwald → VS*
VOF* *Vilshofen → PA*
VOH* *Vohenstrauß → NEW*
VS *Schwarzwald-Baar-Kreis (Villingen-Schwenningen); SW*

W *Wuppertal; NW*
WA* *Waldeck (Korbach) → KB*
WAF *Warendorf; NW*
WAK *Wartburgkreis (Bad Salzungen); SW*
WAN* *Wanne-Eickel → HER*
WAR* *Warburg → HX*
WAT* *Wattenscheid → BO*
WB *Wittenberg; NO*
WBS* *Worbis → EIC*
WD* *Wiedenbrück → GT*
WDA* *Werdau → Z*

WE *Weimar; SO*
WEB* *Oberwesterwaldkreis (Westerburg/Westerwald) → WW*
WEG* *Wegscheid → PA*
WEL* *Oberlahnkreis (Weilburg) → LM*
WEM* *Wesermünde → CUX*
WEN *Weiden/Oberpfalz; SO*
WER* *Wertingen → DLG*
WES *Wesel; NW*
WF *Wolfenbüttel; NO*
WG* *Wangen/Allgäu → RV*
WHV *Wilhelmshaven; NW*
WI *Wiesbaden ; SW*
WIL *Bernkastel-Wittlich (Wittlich); SW*
WIS* *Wismar → NWM*
WIT* *Witten → EN*
WIZ* *Witzenhausen → ESW*
WK* *Wittstock → OPR*
WL *Harburg (Land) (Winsen/Luhe); NW*
WLG* *Wolgast → OVP*
WM *Weilheim-Schongau (Weilheim/Oberbayern); SO*
WMS* *Wolmirstedt → OK*
WN *Rems-Murr-Kreis (Waiblingen); SW*
WND *St. Wendel; SW*
WO *Worms; SW*
WOB *Wolfsburg; NO*
WOH* *Wolfhagen/Kassel → KS*
WOL* *Wolfach → OG*
WOR* *Wolfratshausen → TÖL*
WOS* *Wolfstein → FRG*
WR *Wernigerode; NO*
WRN* *Waren → MÜR*
WS* *Wasserburg/Inn → RO*
WSF *Weißenfels*
WST *Ammerland (Westerstede); NW*
WSW* *Weißwasser → NOL*
WT *Waldshut-Tiengen; SW*
WTL* *Wittlage → OS*
WTM *Wittmund; NW*
WÜ *Würzburg; SW*
WÜM* *Waldmünchen → CHA*
WUG *Weißenburg-Gunzenhausen (Weißenburg); SO*
WUN *Wunsiedel; SO*
WUR* *Wurzen → MTL*
WW *Westerwald (Montabaur); SW*
WZ* *Wetzlar → LDK*
WZL* *Wanzleben → BÖ*

Z *Zwickau, Zwickauer Land (Werdau); SO*
ZE* *Zerbst → AZE*
ZEL* *Zell/Mosel → COC*
ZI *Löbau-Zittau (Zittau); SO*
ZIG* *Ziegenhain/Kassel → HR*
ZP* *Zschopau → MEK*
ZR* *Zeulenroda → GRZ*
ZS* *Zossen → TF*
ZW *Zweibrücken; SW*
ZZ* *Zeitz → BLK*

Sonderkennzeichen von Bund und Ländern:

Bund:

BD *Bundestag, Bundesrat, Bundespräsidialamt*
BG *Bundesgrenzschutz*
BP* *Deutsche Post AG*
BW *Bundes-Wasser- und Schifffahrtsverwaltung*
THW *Technisches Hilfswerk*
0 *Diplomatisches Corps*
X *Bundeswehrfahrzeuge der NATO-Hauptquartiere*
Y *Bundeswehr*

Länder (Landesregierung und Landtag):

B Berlin
BBL Brandenburg
BWL Baden-Württemberg
BYL Bayern
HB Freie Hansestadt Bremen
HEL Hessen
HH Freie und Hansestadt Hamburg
LSA Sachsen-Anhalt
LSN Sachsen
MVL Mecklenburg-Vorpommern
NL Niedersachsen
NRW Nordrhein-Westfalen
RPL Rheinland-Pfalz
SAL Saarland
SH Schleswig-Holstein
THL Thüringen

Wissenswertes über Deutschland

Fläche: 357 031 qkm
Einwohner: 82,5 Mio.
Bevölkerungsdichte: 231 Einwohner pro qkm
Staatsform: Bundesrepublik
Währung: Euro
Amtssprache: Deutsch
Gesprochene Sprachen: Deutsch, Dänisch, Friesisch, Sorbisch
Religion: 32% Protestanten, 32 % Katholiken, 3,3 % Muslime, 0,5 % Griechisch-Orthodoxe, 0,5 % Mitglieder der Neuapostolischen Kirche, 0,2 % Zeugen Jehovas, 0,2 % Serbisch-Orthodoxe, ca. 31 % konfessionslos
Zeit: MEZ
Nationalfeiertag: 3. Oktober
Hauptstadt: Berlin
Die größten Städte: Berlin (3 390 000 Ew.), Hamburg (1 726 000 Ew.), München (1 266 000 Ew.), Köln (968 000 Ew.), Frankfurt am Main (640 000 Ew.)
Längster Fluss: Rhein, 865 km deutscher Anteil, Gesamtlänge 1320 km
Höchster Berg: Zugspitze, 2963 m
Größter See: Bodensee, 305 qkm deutscher Anteil, Gesamtfläche 538 qkm, Müritzsee 316 qkm

Promillegrenze: 0,5
Bekannte Automarken: Audi, BMW, Ford, Mercedes, Opel, Porsche, Volkswagen

Höchstgeschwindigkeiten in Deutschland

	innerhalb v. Ortschaften	außerhalb v. Ortschaften	Schnellstraßen	Autobahnen
Pkw	50 km/h	100 km/h	–	unbegrenzt
Pkw mit Anhänger	50 km/h	80 km/h	–	80 km/h
Motorrad	50 km/h	100 km/h	–	unbegrenzt

Dänemark hat kein regionales Nummernsystem. Die Autoschilder geben keinen Aufschluss darüber, aus welchem Landesteil das Fahrzeug stammt (Ausnahme: Färöer-Inseln; Kürzel FO). Die dänischen Kennzeichen bestehen aus zwei Buchstaben und einer fünfstelligen Zahl. Bei PKWs ist das Nummernschild weiß, es trägt schwarze Aufschrift und ist rot umrandet. Die Schilder für LKWs und Lieferfahrzeuge sind hingegen gelb, Schrift und Umrandung sind schwarz.

Wissenswertes über Dänemark

Fläche: *43 094 qkm (ohne Grönland)*
Einwohner: *5,2 Mio. (ohne Grönland)*
Bevölkerungsdichte: *125 Einwohner pro qkm*

Staatsform: *parlamentarische Monarchie (Königreich)*
Währung: *1 Dänische Krone = 100 Øre*
Amtssprache: *Dänisch*
Gesprochene Sprachen: *Dänisch, Deutsch*
Religion: *91 % Protestanten*
Zeit: *MEZ*
Nationalfeiertag: *5. Juni*
Hauptstadt: *København (Kopenhagen)*
Die größten Städte: *København (467 000 Ew., Groß-Kopenhagen 1 090 000 Ew.), Århus (226 000 Ew.), Odense (145 000 Ew.)*
Längster Fluss: *Gudenå, 158 km*
Höchster Berg: *Yding Skovhøj, 173 m*
Größter See: *Arresø, 41 qkm*

Promillegrenze: *0,5*

Höchstgeschwindigkeiten in Dänemark

	innerhalb v. Ortschaften	außerhalb v. Ortschaften	Schnellstraßen	Autobahnen
Pkw	50 km/h	80 km/h	80 km/h	110 km/h
Pkw mit Anhänger	50 km/h	70 km/h	70 km/h	70 km/h
Motorrad	50 km/h	80 km/h	80 km/h	110 km/h

Die spanischen Autokennzeichen haben ein weißes Schild mit schwarzer Aufschrift.
Im Jahr 2000 ist Spanien von einem regionalen auf ein nationales System umgestiegen, bei dem man nicht mehr erkennen kann, woher das Fahrzeug stammt.

Nach der blauen Europabanderole folgt eine vierstellige Zahl und eine dreistellige Buchstabenkombination. Die Nummern werden für ganz Spanien nach alphabetischer Reihenfolge von AAA bis ZZZ vergeben.

Bei den alten spanischen Kennzeichen gaben die Buchstaben vor dem ersten Punkt an, wo der Wagen gemeldet ist. Es folgten eine Zahlenkombination und nach einem weiteren Punkt nochmals ein bis zwei Buchstaben.

Nationale Autokennzeichen – Matrículas Nacionales:

A	*Alicante*
AB	*Albacete*
AL	*Almeria*
AV	*Ávila*
B	*Barcelona*
BA	*Badajoz*
BI	*Bilbao (Vizcaya)*
BU	*Burgos*
C	*Coruña*
CA	*Cádiz*
CC	*Cáceres*
CE	*Ceuta*
CO	*Córdoba*
CR	*Ciudad Real*
CS	*Castellón*
CU	*Cuenca*
GC	*Gran Canaria*
GE	*Gerona (auslaufend)*
GI	*Girona*
GR	*Granada*
GU	*Guadalajara*
H	*Huelva*
HU	*Huesca*
IB	*Islas Baleares*
J	*Jaén*
L	*Lérida*
LE	*León*
LO	*Logrono (La Rioja)*
LU	*Lugo*
M	*Madrid*
MA	*Málaga*
ML	*Melilla*
MU	*Murcia*
NA	*Navarra (Pamplona)*
O	*Oviedo (P. Asturias)*
OR	*Orense*
P	*Palencia*
PM	*Palma de Mallorca (auslaufend)*
PO	*Pontevedra*
S	*Santander*

SA *Salamanca*
SE *Sevilla*
SG *Segovia*
SO *Soria*
SS *San Sebastián (Guipúzcoa)*
T *Tarragona*
TE *Teruel*
TF *Tenerife*
TO *Toledo*
V *Valencia*
VA *Valladolid*
VI *Vitoria (Álava)*
Z *Zaragoza*
ZA *Zamora*

Sonderkennzeichen:

In Spanien gibt es eine Reihe von Sonderkennzeichen, die dem alten spanischen Kennzeichensystem sehr ähnlich sind.

Beispiel: P·9256·BBB

C *Mopeds (schwarze Schrift auf gelbem Grund)*
E *Spezialfahrzeuge (rote Schrift auf weißem Grund)*
H *Oldtimer (schwarze Schrift auf weißem Grund)*
P *Kurzzeitkennzeichen für Personen (weiße Schrift auf grünem Grund)*
R *Anhänger (schwarze Schrift auf rotem Grund)*
S *Kurzzeitkennzeichen für Neuwagen von Firmen (weiße Schrift auf rotem Grund)*
T *Touristenkennzeichen (schwarze Schrift auf weißem Grund)*
V *Kurzzeitkennzeichen für Gebrauchtwagen von Firmen (weiße Schrift auf rotem Grund)*

Amtliche Autokennzeichen:

CPN *Cuerpo Policia Nacional (Nationalpolizei)*
ℰ *Ertzaintza (Polizei des Baskenlandes)*
FA *Fuerzas Aéreas (Luftwaffe)*
ET *Ejército Tierra (Heer)*
FN *Fuerzas Navales (Marine)*
MOP *Ministerio Obras Públicas*
PGC *Parque Guardia Civil (Polizei)*
PMM *Parque Móvil Ministerios (Regierungsfahrzeuge)*

Höchstgeschwindigkeiten in Spanien

	innerhalb v. Ortschaften	außerhalb v. Ortschaften	Schnellstraßen	Autobahnen
Pkw	50 km/h	90 km/h	100 km/h	120 km/h
Pkw mit Anhänger	50 km/h	70 km/h	80 km/h	80 km/h
Motorrad	50 km/h	90 km/h	100 km/h	120 km/h

Wissenswertes über Spanien

Fläche: *504 782 qkm*
Einwohner: *42,1 Mio.*
Bevölkerungsdichte: *80 Einwohner pro qkm*

Staatsform: *parlamentarische Monarchie (Königreich)*
Währung: *Euro*
Amtssprachen: *Spanisch, regional Katalanisch, Galizisch, Baskisch*
Gesprochene Sprachen: *Spanisch, Katalanisch, Galizisch, Baskisch*
Religion: *92 % Katholiken, 0,3 % Protestanten. 0,8 % Muslime, 7,2 % andere und Konfessionslose*
Zeit: *MEZ*
Nationalfeiertag: *12. Oktober*

Hauptstadt: *Madrid*
Die größten Städte: *Madrid (3 100 000 Ew.), Barcelona (1 579 000 Ew.), Valencia (785 000 Ew.), Sevilla (699 000 Ew.), Zaragoza (638 000 Ew.)*
Längster Fluss: *Ebro, 910 km*
Höchster Berg: *Pico de Teide, 3716 m (Teneriffa)*

Promillegrenze: *0,5*
Bekannte Automarken: *Pegaso, Seat*

Spanien

Die Autoschilder in Estland sind normalerweise weiß und haben eine schwarze Aufschrift. Lediglich die zeitweilig gültigen Nummern sind gelb. Seit dem EU-Beitritt haben alle Kennzeichen am linken Schilderrand die Europabanderole mit Sternenkreis und Nationalitätskennzeichen EST. Das Kennzeichen ist sechsstellig und besteht aus drei Ziffern und drei Buchstaben. Man kann am ersten Buchstaben erkennen, woher das Fahrzeug kommt. Er gibt den Distrikt an, in dem das Auto gemeldet ist.

In Estland besteht die Möglichkeit, eine Wunschnummer zu erhalten. Hier können die sechs Symbole frei kombiniert werden. Die Herkunft des Fahrzeuges ist dann nicht mehr ablesbar.

A Tallinn (Reval)
B Tallinn (Reval)
D Viljandi
F Pärnu
G Valga
H Hiiumaa
I Jõhvi
J Jõgeva
K Kuressaare
L Rapla
M Harju
N Narva
O Põlva
P Paide
R Rakvere
S Haapsalu
T Tartu
V Võru

Höchstgeschwindigkeiten in Estland

	innerhalb v. Ortschaften	außerhalb v. Ortschaften	Schnell-straßen	Autobahnen
Pkw	50 km/h	90 km/h	–	110 km/h
Pkw mit Anhänger	50 km/h	70 km/h	–	90 km/h
Motorrad	50 km/h	90 km/h	–	110 km/h

Wissenswertes über Estland

Fläche: *45 227 qkm*
Einwohner: *1,351 Mio.*
Bevölkerungsdichte: *30 Einwohner pro qkm*

Staatsform: *Republik*
Währung: *1 Estnische Krone = 100 Senti*
Amtssprache: *Estnisch*
Gesprochene Sprachen: *Estnisch, Russisch*
Religion: *15 % Protestanten, 14 % Russisch-Orthodoxe, 0,5 % Katholiken, 70 % konfessionslos*
Zeit: *Osteuropäische Zeit (MEZ + 1 Stunde)*
Nationalfeiertag: *24. Februar*

Hauptstadt: *Tallinn*
Die größten Städte: *Tallinn (400 000 Ew.), Tartu (110 000 Ew.), Narva (67 000 Ew.), Kohtla-Järve (47 000 Ew.), Pärnu (44 000 Ew.)*
Längster Fluss: *Emajogi, 260 km*
Höchster Berg: *Munamägi, 318 m*
Größter See: *Peipussee, 1800 qkm estnischer Anteil, Gesamtfläche 3550 qkm*

Promillegrenze: *Alkoholverbot*

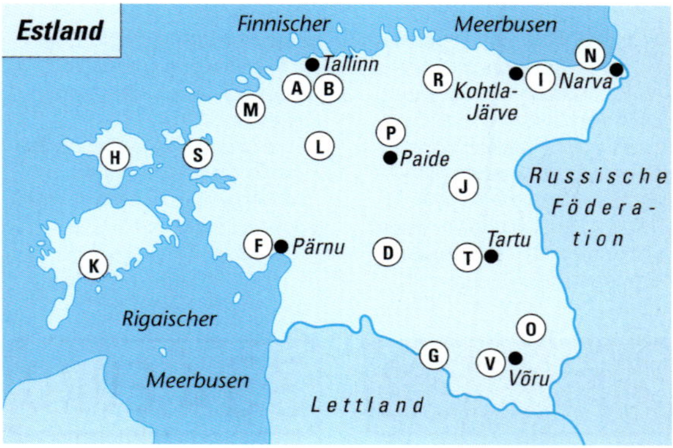

Beamte sämtlicher Organe der Europäischen Union haben eigene Autokennzeichen. Sie werden zentral in Brüssel vergeben. Man kann nicht feststellen, woher das Fahrzeug kommt.

Das Kennzeichen ist leicht zu erkennen, da es in blauer Schrift auf weißem Grund gehalten ist. Auf der linken Seite befinden sich die großen Buchstaben EUR, umgeben von einem Sternenkreis. Gefolgt wird dieses Merkmal von einer vierstelligen Nummer. Bei Privatfahrzeugen ist die Nummer dem EUR-Zeichen vorangestellt.

Die EU-Kommission soll dem Rat der EU, in dem die Regierungen der EU-Staaten vertreten sind, Vorschläge unterbreiten, nach deren Zustimmung umsetzen und deren Einhaltung überwachen. Sie erstellt zudem den EU-Haushalt. Insgesamt besitzt diese Kommission 20 Kommissare, die Plätze werden nach Größe und Bedeutung der Mitgliedsstaaten vergeben.

An Angehörige der europäischen Flugsicherungsbehörde werden eigene Kennzeichen ausgegeben. Sie sind weiß und haben eine blaue Aufschrift. Nach einer dreistelligen Nummer folgt das Wort EURO. Getrennt sind Zahl und Wort durch einen Punkt.

Die Flugsicherungsbehörde hat ihren Sitz in Brüssel und wurde in den 60er Jahren gegründet, um die verschiedenen nationalen Flugsicherungsbehörden zu bündeln. Außerdem unterhält EUROCONTROL eine Zentralstelle für die Steuerung des Verkehrsflusses und zur Berechnung von Flugsicherungsgebühren in Brüssel, ein Flugsicherungs-Institut in Luxemburg und ein Forschungs-Zentrum bei Paris.

Die Hauptaufgabe aber bleibt neben der Luftraumkontrolle die Harmonisierung der europäischen Flugsicherungen.

In Frankreich sind die Autokennzeichen wie folgt aufgebaut: Höchstens vier Ziffern werden gefolgt von höchstens drei Buchstaben; danach kommen nochmals zwei Ziffern (z. B.: 5723 HB 78). Entscheidend für die Feststellung, woher das Fahrzeug kommt, sind die letzten beiden Ziffern. Sie geben das Département an, in dem das Fahrzeug gemeldet ist. Die Farbgebung der Nummernschilder hat sich gewandelt. Ältere Fahrzeuge tragen schwarze Schilder mit weißer Aufschrift. Später wurden reflektierende Schilder eingeführt. Die Aufschrift ist schwarz, der Untergrund für das hintere Kennzeichen gelb, für das vordere weiß. In jüngster Zeit wurden auch in Frankreich Schilder nach europäischem Standard mit blauem Band an der linken Seite ausgegeben.

01	Ain
02	Aisne
03	Allier
04	Alpes-de-Haute-Provence
05	Hautes-Alpes
06	Alpes-Maritimes
07	Ardèche
08	Ardennes
09	Ariège
10	Aube
11	Aude
12	Aveyron
13	Bouches-du-Rhône
14	Calvados
15	Cantal
16	Charente
17	Charente-Maritime
18	Cher
19	Corrèze
2A	Corse du Sud
2B	Haute Corse
21	Côte d'Or
22	Côtes-d'Armor
23	Creuse
24	Dordogne
25	Doubs
26	Drôme
27	Eure
28	Eure-et-Loire
29	Finistère
30	Gard
31	Haute-Garonne
32	Gers
33	Gironde
34	Hérault
35	Ille-et-Vilaine
36	Indre
37	Indre-et-Loire
38	Isère
39	Jura
40	Landes
41	Loir-et-Cher
42	Loire
43	Haute-Loire

44 *Loire-Atlantique*
45 *Loiret*
46 *Lot*
47 *Lot-et-Garonne*
48 *Lozère*
49 *Maine-et-Loire*
50 *Manche*
51 *Marne*
52 *Haute-Marne*
53 *Mayenne*
54 *Meurthe-et-Moselle*
55 *Meuse*
56 *Morbihan*
57 *Moselle*
58 *Nièvre*
59 *Nord*
60 *Oise*
61 *Orne*
62 *Pas-de-Calais*
63 *Puy-de-Dôme*
64 *Pyrénées-Atlantiques*
65 *Hautes-Pyrénées*
66 *Pyrénées-Orientales*
67 *Bas-Rhin*
68 *Haut-Rhin*
69 *Rhône*
70 *Haute-Saône*
71 *Saône-et-Loire*
72 *Sarthe*
73 *Savoie*
74 *Haute-Savoie*
75 *Paris*
76 *Seine-Maritime*
77 *Seine-et-Marne*

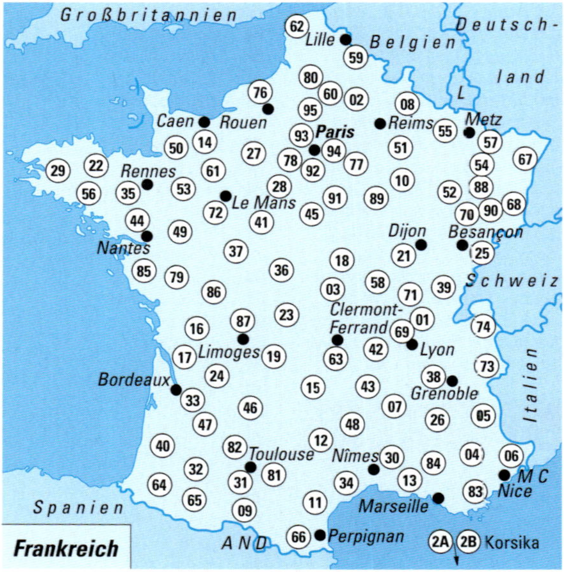

78 *Yvelines*
79 *Deux-Sèvres*
80 *Somme*
81 *Tarn*
82 *Tarn-et-Garonne*
83 *Var*
84 *Vaucluse*
85 *Vendée*
86 *Vienne*
87 *Haute-Vienne*
88 *Vosges*
89 *Yonne*
90 *Territoire-de-Belfort*
91 *Essonne*
92 *Hauts-de-Seine*
93 *Seine-St-Denis*
94 *Val-de-Marne*
95 *Val-d'Oise*

Wissenswertes über Frankreich

Fläche: 543 965 qkm
Einwohner: 61,1 Mio.
Bevölkerungsdichte: 110 Einwohner pro qkm

Staatsform: Republik
Währung: Euro
Amtssprache: Französisch
Gesprochene Sprachen: Französisch, Baskisch, Bretonisch, Elsässisch, Flämisch, Katalanisch, Korsisch, Okzitanisch
Religion: 80 % Katholiken, 8 % Muslime, 1,5 % Protestanten, 1,3 % Juden, 4 % konfessionslos
Zeit: MEZ
Nationalfeiertag: 14. Juli

Hauptstadt: Paris
Die größten Städte: Paris (2 200 000 Ew., Groß-Paris 9 300 000 Ew.), Marseille (792 000 Ew.), Lyon (437 000 Ew.), Toulouse (411 000 Ew.), Nice (Nizza, 340 000 Ew.)
Längster Fluss: Loire, 1020 km
Höchster Berg: Montblanc, 4810 m
Größter See: Genfer See, 234 qkm franz. Anteil

Promillegrenze: 0,5
Bekannte Automarken: Citroën, Peugeot, Renault

Höchstgeschwindigkeiten in Frankreich

	innerhalb v. Ortschaften	außerhalb v. Ortschaften	Schnellstraßen	Autobahnen
Pkw	50 km/h	90 km/h	110 km/h	130 km/h
Pkw mit Anhänger	50 km/h	80 km/h	80 km/h	80 km/h
Motorr.	50 km/h	90 km/h	110 km/h	130 km/h

In Finnland gibt es kein regionales Autonummernsystem (Ausnahme: Ålandinseln; beginnen mit einem Å). Die Nummernschilder haben schwarze Buchstaben und Zahlen auf weißem Untergrund. Die Kennzeichen beginnen mit zwei oder drei Buchstaben. Nach einem Bindestrich folgen Ziffern. Die Schilder für Lastwagen beginnen stets mit dem Buchstaben P.

Wissenswertes über Finnland

Fläche: 338 139 qkm
Einwohner: 5,24 Mio.
Bevölkerungsdichte: 15 Einwohner pro qkm

Staatsform: Republik
Währung: Euro
Amtssprachen: Finnisch, Schwedisch
Gesprochene Sprachen: Finnisch, Schwedisch, Lappisch
Religion: 96 % Protestanten
Zeit: Osteuropäische Zeit (MEZ + 1 Stunde)
Nationalfeiertag: 6. Dezember

Hauptstadt: Helsinki
Die größten Städte: Helsinki (502 000 Ew.), Espoo (183 000 Ew.), Tampere (179 000 Ew.), Turku (164 000 Ew.), Vantaa (163 000 Ew.)
Längster Fluss: Kemijoki, 260 km
Höchster Berg: Haltiatunturi, 1324 m
Größter See: Saimaa-See, 1460 qkm

Promillegrenze: 0,5

Höchstgeschwindigkeiten in Finnland

	innerhalb v. Ortschaften	außerhalb v. Ortschaften	Schnellstraßen	Autobahnen
Pkw	50 km/h	80–100 km/h	–	120 km/h
Pkw mit Anhänger	50 km/h	80 km/h	–	80 km/h
Motorrad	50 km/h	80–100 km/h	–	120 km/h

Bei dem kleinen Fürstentum Liechtenstein erübrigen sich regionale Autokennzeichen. Das schwarze Kennzeichen mit weißer Aufschrift gibt Aufschluss über die Herkunft des Fahrzeuges. Es zeigt nämlich die Buchstaben FL, die gleiche Kombination wie bei dem Nationalitätskennzeichen. Sie stehen für Fürstentum Liechtenstein. Gefolgt wird das Merkmal vom Wappen des Landes und einer Zahlenkombination.

Wissenswertes über Liechtenstein

Fläche: *160 qkm*
Einwohner: *33 900 Ew.*
Bevölkerungsdichte: *213 Einwohner pro qkm*

Staatsform: *parlamentarische Monarchie (Fürstentum)*
Währung: *1 Schweizer Franken = 100 Rappen*
Amtssprache: *Deutsch*
Gesprochene Sprache: *Deutsch*
Religion: *76 % Katholiken, 7 % Protestanten*
Zeit: *MEZ*
Nationalfeiertag: *15. August*

Hauptstadt: *Vaduz*
Die größten Städte: *Schaan (5000 Ew.), Vaduz (5000 Ew.), Triesen (4000 Ew.), Balzers (4000 Ew.)*
Längster Fluss: *Rhein, 26 km Liechtensteiner Anteil, Gesamtlänge 1320 km*
Höchster Berg: *Vordergrauspitz, 2599 m*

Promillegrenze: *0,8*

Höchstgeschwindigkeiten in Liechtenstein

	innerhalb v. Ortschaften	außerhalb v. Ortschaften	Schnellstraßen	Autobahnen
Pkw	50 km/h	80 km/h	100 km/h	120 km/h
Pkw mit Anhänger	50 km/h	60/80 km/h	80 km/h	60/80 km/h
Motorrad	50 km/h	80 km/h	100 km/h	120 km/h
Wohnmob.	50 km/h	80 km/h	–	80 km/h

Die britischen Autos haben hinten gelbe Schilder, vorne sind sie weiß. Die Schrift ist jeweils schwarz. Seit kurzer Zeit gibt es in Großbritannien ein neues Nummernsystem, das das alte aus dem Jahre 1983 ablöst.

Da das alte System noch sehr weit verbreitet ist, sind hier beide Systeme abgedruckt: Zunächst das neue und anschließend das alte System.

Die neuen wie die alten britischen Autonummern weisen eine siebenstellige Buchstaben-Zahlen-Kombination auf. Die **neuen Kennzeichen** *bestehen aus zwei Buchstaben, gefolgt von zwei Ziffern; danach kommen nochmals drei Buchstaben. Die Zahl in der Mitte gibt das Jahr der Erstzulassung an:*

51	*ab 1.9.01*	**52**	*ab 1.9.02*
02	*ab 1.3.02*	**53**	*ab 1.9.03*
03	*ab 1.3.03*	**54**	*ab 1.9.04*

04	*ab 1.3.04*	**55**	*ab 1.9.05*
05	*ab 1.3.05*	**56**	*ab 1.9.06*
06	*ab 1.3.06*	**57**	*ab 1.9.07*
07	*ab 1.3.07*	**58**	*ab 1.9.08*
08	*ab 1.3.08*	**59**	*ab 1.9.09*
09	*ab 1.3.09*	**60**	*ab 1.9.10*
10	*ab 1.3.10*		

Entscheidend für die Identifikation der Herkunft ist der Buchstabenblock am Anfang des Kennzeichens.

AA–AH	*Peterborough*
AJ–AN	*Peterborough*
AO–AP	*Norwich*
AS–AU	*Norwich*
AV–AY	*Ipswich*
BA–BH	*Birmingham*
BK–BP	*Birmingham*
BR–BY	*Birmingham*
CA–CH	*Cardiff*
CJ–CO	*Cardiff*
CP–CV	*Swansea*
CW–CY	*Bangor*
DA–DH	*Chester*
DJ–DK	*Chester*
DL–DP	*Shrewsbury*
DR–DY	*Shrewsbury*
EA–EH	*Chelmsford*
EJ–EP	*Chelmsford*
ER–EY	*Chelmsford*
FA–FH	*Nottingham*
FJ–FN	*Nottingham*
FP	*Nottingham*
FR–FT	*Lincoln*
FV–FY	*Lincoln*
GA–GH	*Maidstone*

GJ–GO	*Maidstone*
GP–GY	*Brighton*
HA–HH	*Bournemouth*
HJ	*Bournemouth*
HK–HP	*Portsmouth*
HR–HV	*Portsmouth*
HW	*Isle of Wight*
HX–HY	*Portsmouth*
KA–KH	*Luton*
KJ–KL	*Luton*
KM–KP	*Northampton*
KR–KY	*Northampton*
LA–LH	*Wimbledon (London)*
LJ	*Wimbledon (London)*
LK–LP	*Stanmore (London)*
LR–LT	*Stanmore (London)*
LU–LY	*Sidcup (London)*
MA–MH	*Manchester*
MJ–MP	*Manchester*
MR–MY	*Manchester*
NA–NH	*Newcastle*
NJ–NN	*Newcastle*
NP	*Stockton*
NR–NY	*Stockton*
OA–OH	*Oxford*
OJ–OP	*Oxford*
OR–OY	*Oxford*
PA–PH	*Preston*
PJ–PP	*Preston*
PR–PT	*Preston*
PU–PY	*Carlisle*
RA–RH	*Reading*
RJ–RP	*Reading*
RR–RY	*Reading*
SA–SH	*Glasgow*
SJ	*Glasgow*
SK–SO	*Edinburgh*
SP	*Dundee*
SR–SU	*Dundee*
SV–SW	*Aberdeen*
SX–SY	*Inverness*
VA–VH	*Worcester*
VJ–VP	*Worcester*
VR–VY	*Worcester*
WA–WH	*Exeter*
WJ	*Exeter*
WK–WL	*Truro (Isles of Scilly)*
WM–WN	*Bristol*
WP	*Bristol*
WR–WY	*Bristol*
XA–XY	*Ausfuhrkennzeichen*
YA–YH	*Leeds*
YJ–YK	*Leeds*
YL–YP	*Sheffield*
YR–YU	*Sheffield*
YV–YY	*Beverley (Hull)*

Auch bei dem **alten System** *konnte man sowohl die Herkunft als auch das Erstzulassungsjahr erkennen, wobei der einzelne Buchstabe das Jahr der Zulassung angibt.*

Bei den Schildern vor 1983 befindet sich dieser Buchstabe am Ende des Nummernschildes. 1983 wurde ein neues System eingeführt, das die Umkehrung des alten darstellt. Seitdem steht der Jahresbuchstabe am Anfang der Autonummer.

Endbuchstabe:		Anfangsbuchstabe:	
A	1963	**A**	1983/84
B	1964	**B**	1984/85
C	1965	**C**	1985/86
D	1966	**D**	1986/87
E	1967	**E**	1987/88
F	1967/68	**F**	1988/89
G	1968/69	**G**	1989/90
H	1969/70	**H**	1990/91
J	1970/71	**J**	1991/92
K	1971/72	**K**	1992/93
L	1972/73	**L**	1993/94
M	1973/74	**M**	1994/95
N	1974/75	**N**	1995/96
P	1975/76	**P**	1996/97
R	1976/77	**R**	1997/98
S	1977/78	**S**	1998/99
T	1978/79	**T**	ab 1.3.99
V	1979/80	**V**	ab 1.9.99
W	1980/81	**W**	ab 1.3.00
X	1981/82	**X**	ab 1.9.00
Y	1982/83	**Y**	ab 1.3.01
Q	Für Fahrzeuge, deren Erstzulassung unbekannt ist.		

Entscheidend für die Identifikation der Herkunft ist allein der Buchstabenblock. Dieser aus drei Buchstaben bestehende Block steht am Anfang (bis 1983) bzw. am Ende des Schildes (ab 1983). Dabei sind nur der zweite und dritte Buchstabe maßgeblich.

Beispiel (vor 1983):
LBH 576Y
Herkunft (Luton), Jahr (1982)

Beispiel (nach 1983):
E619 KHM
Jahr (1987), Herkunft (London)

AA	Bournemouth
AB	Worcester
AC	Coventry
AD	Gloucester
AE	Bristol
AF	Truro
AG	Hull
AH	Norwich
AJ	Middlesbrough
AK	Sheffield
AL	Nottingham
AM	Swindon
AN	Reading
AO	Carlisle
AP	Brighton
AR	Chelmsford
AS	Inverness
AT	Hull
AU	Nottingham
AV	Peterborough
AW	Shrewsbury
AX	Cardiff
AY	Leicester
BA	Manchester
BB	Newcastle upon Tyne
BC	Leicester
BD	Northampton
BE	Lincoln
BF	Stoke-on-Trent
BG	Liverpool
BH	Luton
BJ	Ipswich
BK	Portsmouth
BL	Reading
BM	Luton
BN	Manchester
BO	Cardiff
BP	Portsmouth
BR	Newcastle upon Tyne
BS	Inverness
BT	Leeds
BU	Manchester
BV	Preston

BW	*Oxford*
BX	*Haverfordwest*
BY	*London NW*
CA	*Chester*
CB	*Manchester*
CC	*Bangor*
CD	*Brighton*
CE	*Peterborough*
CF	*Reading*
CG	*Bournemouth*
CH	*Nottingham*
CJ	*Gloucester*
CK	*Preston*
CL	*Norwich*
CM	*Liverpool*
CN	*Newcastle upon Tyne*
CO	*Exeter*
CP	*Huddersfield*
CR	*Portsmouth*
CS	*Glasgow*
CT	*Lincoln*

CU	*Newcastle upon Tyne*
CV	*Truro*
CW	*Preston*
CX	*Huddersfield*
CY	*Swansea*
DA	*Birmingham*
DB	*Manchester*
DC	*Middlesbrough*
DD	*Gloucester*
DE	*Haverfordwest*
DF–DG	*Gloucester*
DH	*Dudley*
DJ	*Liverpool*
DK	*Manchester*
DL	*Portsmouth*
DM	*Chester*
DN	*Leeds*
DO	*Lincoln*
DP	*Reading*
DR	*Exeter*
DS	*Glasgow*
DT	*Sheffield*
DU	*Coventry*
DV	*Exeter*
DW	*Cardiff*
DX	*Ipswich*
DY	*Brighton*
EA	*Dudley*
EB	*Peterborough*
EC	*Preston*
ED	*Liverpool*
EE	*Lincoln*
EF	*Middlesbrough*
EG	*Peterborough*
EH	*Stoke-on-Trent*
EJ	*Haverfordwest*
EK	*Liverpool*
EL	*Bournemouth*
EM	*Liverpool*
EN	*Manchester*
EO	*Preston*
EP	*Swansea*
ER	*Peterborough*
ES	*Dundee*
ET	*Sheffield*
EU	*Bristol*
EV	*Chelmsford*
EW	*Peterborough*
EX	*Norwich*
EY	*Bangor*
FA	*Stoke-on-Trent*
FB	*Bristol*
FC	*Oxford*
FD	*Dudley*
FE	*Lincoln*
FF	*Bangor*
FG	*Brighton*
FH	*Gloucester*
FJ	*Exeter*
FK	*Dudley*
FL	*Peterborough*
FM	*Chester*
FN	*Maidstone*
FO	*Gloucester*
FP	*Leicester*
FR	*Preston*
FS	*Edinburgh*
FT	*Newcastle upon Tyne*
FU	*Lincoln*
FV	*Preston*
FW	*Lincoln*
FX	*Bournemouth*
FY	*Liverpool*
GA–GB	*Glasgow*
GC	*London SW*
GD–GE	*Glasgow*
GF	*London SW*
GG	*Glasgow*
GH–GK	*London SW*
GL	*Truro*
GM	*Reading*
GN–GP	*London SW*
GR	*Newcastle upon Tyne*
GS	*Luton*
GT	*London SW*

GU	*London SE*
GV	*Ipswich*
GW–GX	*London SE*
HA	*Dudley*
HB	*Cardiff*
HC	*Brighton*
HD	*Huddersfield*
HE	*Sheffield*
HF	*Liverpool*
HG	*Preston*
HH	*Carlisle*
HJ–HK	*Chelmsford*
HL	*Sheffield*
HM	*London (Central)*
HN	*Middlesbrough*
HO	*Bournemouth*
HP	*Coventry*
HR	*Swindon*
HS	*Glasgow*
HT–HU	*Bristol*
HV	*London (Central)*
HW	*Bristol*
HX	*London (Central)*
HY	*Bristol*
JA	*Manchester*
JB	*Reading*
JC	*Bangor*
JD	*London (Central)*
JE	*Peterborough*
JF	*Leicester*
JG	*Maidstone*
JH	*Reading*
JJ	*Maidstone*
JK	*Brighton*
JL	*Lincoln*
JM	*Reading*
JN	*Chelmsford*
JO	*Oxford*
JP	*Liverpool*
JR	*Newcastle upon Tyne*
JS	*Inverness*
JT	*Bournemouth*
JU	*Leicester*
JV	*Lincoln*
JW	*Birmingham*
JX	*Huddersfield*
JY	*Exeter*
KA–KD	*Liverpool*
KE	*Maidstone*
KF	*Liverpool*
KG	*Cardiff*
KH	*Hull*
KJ–KR	*Maidstone*
KS	*Edinburgh*
KT	*Maidstone*
KU	*Sheffield*
KV	*Coventry*
KW	*Sheffield*
KX	*Luton*
KY	*Sheffield*
LA–LF	*London NW*
LG	*Chester*
LH	*London NW*
LJ	*Bournemouth*
LK–LR	*London NW*
LS	*Edinburgh*
LT–LU	*London NW*
LV	*Liverpool*
LW–LY	*London NW*
MA–MB	*Chester*
MC–MH	*London NE*
MJ	*Luton*
MK–MM	*London NE*
MO	*Reading*
MP	*London NE*
MR	*Swindon*
MS	*Edinburgh*
MT–MU	*London NE*
MV	*London SE*
MX	*Swindon*
MX–MY	*London SE*
NA–NF	*Manchester*

NG	*Norwich*
NH	*Northampton*
NJ	*Brighton*
NK	*Luton*
NL	*Newcastle upon Tyne*
NM	*Luton*
NN	*Nottingham*
NO	*Chelmsford*
NP	*Worcester*
NR	*Leicester*
NS	*Glasgow*
NT	*Shrewsbury*
NU	*Nottingham*
NV	*Northampton*
NW	*Leeds*
NX	*Dudley*
NY	*Cardiff*
OA–OC	*Birmingham*
OD	*Exeter*
OE–ON	*Birmingham*
OO	*Chelmsford*
OP	*Birmingham*
OR	*Portsmouth*
OS	*Glasgow*
OT	*Portsmouth*
OU	*Bristol*
OV	*Birmingham*
OW	*Portsmouth*
OX	*Birmingham*
OY	*London NW*
PA–PM	*Guildford*
PN	*Brighton*
PO	*Portsmouth*
PP	*Luton*
PR	*Bournemouth*
PS	*Aberdeen*
PT	*Newcastle upon Tyne*
PU	*Chelmsford*
PV	*Ipswich*
PW	*Norwich*
PX	*Portsmouth*
PY	*Middlesbrough*
RA–RC	*Nottingham*
RD	*Reading*
RE–RF	*Stoke-on-Trent*
RG	*Newcastle upon Tyne*
RH	*Hull*
RJ	*Manchester*
RK	*London NW*
RL	*Truro*
RM	*Carlisle*
RN	*Preston*
RO	*Luton*
RP	*Northampton*
RR	*Nottingham*
RS	*Aberdeen*
RT	*Ipswich*
RU	*Bournemouth*
RV	*Portsmouth*
RW	*Coventry*
RX	*Reading*
RY	*Leicester*
SA	*Aberdeen*
SB	*Glasgow*
SC	*Edinburgh*
SCY	*Truro (Isles of Scilly)*
SD	*Glasgow*
SE	*Aberdeen*
SF–SH	*Edinburgh*
SJ	*Glasgow*
SK	*Inverness*
SL	*Dundee*
SM	*Glasgow*
SN	*Dundee*
SO	*Aberdeen*
SP–SR	*Dundee*
SS	*Aberdeen*
ST	*Inverness*
SU–SW	*Glasgow*
SX	*Edinburgh*
TA	*Exeter*
TB	*Liverpool*
TC	*Bristol*
TD–TE	*Manchester*

TF	*Reading*
TG	*Cardiff*
TH	*Swansea*
TJ	*Liverpool*
TK	*Exeter*
TL	*Lincoln*
TM	*Luton*
TN	*Newcastle upon Tyne*
TO	*Nottingham*
TP–TR	*Portsmouth*
TS	*Dundee*
TT	*Exeter*
TU	*Chester*
TV	*Nottingham*
TW	*Chelmsford*
TX	*Cardiff*
TY	*Newcastle upon Tyne*
UA–UB	*Leeds*
UC	*London (Central)*
UD	*Oxford*
UE	*Dudley*
UF	*Brighton*
UG	*Leeds*
UH	*Cardiff*
UJ	*Shrewsbury*
UK	*Birmingham*
UL	*London (Central)*
UM	*Leeds*
UN–UO	*Exeter*
UP	*Newcastle upon Tyne*
UR	*Luton*
US	*Glasgow*
UT	*Leicester*
UU–UW	*London (Central)*
UX	*Shrewsbury*
UY	*Worcester*
VA	*Peterborough*
VB	*Maidstone*
VC	*Coventry*
VE	*Petersborough*
VF–VG	*Norwich*
VH	*Huddersfield*
VJ	*Gloucester*
VK	*Newcastle upon Tyne*
VL	*Lincoln*
VM	*Manchester*
VN	*Middlesbrough*
VO	*Nottingham*
VP	*Birmingham*
VR	*Manchester*
VS	*Luton*
VT	*Stoke-on-Trent*
VU	*Manchester*
VV	*Northampton*
VW–VX	*Chelmsford*
VY	*Leeds*
WA–WB	*Sheffield*
WC	*Chelmsford*
WD	*Dudley*
WE–WG	*Sheffield*
WH	*Manchester*
WJ	*Sheffield*
WK	*Coventry*
WL	*Oxford*
WM	*Liverpool*
WN	*Swansea*
WO	*Cardiff*
WP	*Worcester*
WR	*Leeds*
WS	*Bristol*
WT–WU	*Leeds*
WV	*Brighton*
WW–WY	*Leeds*
XA–XY	*Reservenummern*
YA–YD	*Taunton*
YE–YF	*London (Central)*
YG	*Leeds*
YH	*London (Central)*
YJ	*Brighton*
YK–YR	*London (Central)*
YS	*Glasgow*
YT–YY	*London (Central)*

Isle of Man (GBM):

Die Insel Man liegt zwischen England und Schottland. Sie untersteht der britischen Krone, gehört aber nicht zum Vereinigten Königreich. Sämtliche Kennzeichen der Isle of Man enthalten die Buchstaben MN. Ab 1983 begann und endete das Kennzeichen jeweils mit den Buchstaben MAN. Dazwischen standen die Zahlen 1 bis 999. Seit 1987 bestehen die Kennzeichen aus den Buchstaben BMN, gefolgt von drei Ziffern und einem Endbuchstaben. Wenn die Kombination BMN 999 Y erreicht ist, folgt CMN 001 A usw.

Kanalinseln (GBA/GBG/GBJ):

Die Kanalinseln vor der Nordküste Frankreichs sind mit der britischen Krone nur lose verbunden.
Alderney (GBA): *Das Kennzeichen besteht aus den Buchstaben AY, gefolgt von bis zu vier Ziffern.*
Guernsey (GBG): *Das Kennzeichen besteht nur aus Ziffern.*
Jersey (GBJ): *Am Anfang des Kennzeichens steht der Buchstabe J, danach folgt eine maximal fünfstellige Nummer.*

Gibraltar: *Das Kennzeichen beginnt mit einem G. Es folgt eine fünfstellige Zahl.*

Nordirland:

Nordirland hat ein eigenständiges Kennzeichensystem. Die Schilder bestehen aus zwei oder drei Buchstaben, gefolgt von einer vierstelligen Zahl. Die Herkunft kann an den letzten beiden Buchstaben des dreistelligen Buchstabenblocks abgelesen werden. Bis 1986 waren die Kennzeichen Nordirlands und der Republik Irland gleich aufgebaut. In ganz Irland wurden ausschließlich die Buchstaben I und Z, jeweils kombiniert mit einem anderen Buchstaben, verwendet. Seit 1987 gilt dieses alte System nur noch in Nordirland. Die Zuordnung der Kennzeichen finden Sie auf der Karte Seite 76.

AZ	*Belfast*
BZ	*Down*
CZ	*Belfast*
DZ	*Antrim*
EZ	*Belfast*
FZ	*Belfast*
GZ	*Belfast*
HZ	*Tyrone*
IA	*Antrim*
IB	*Armagh*
IJ	*Down*
IL	*Fermanagh*
IW	*Londonderry*
JI	*Tyrone*
JZ	*Down*

KZ Antrim
LZ Armagh
MZ Belfast
NZ Londonderry
OI Belfast
OZ Belfast
PZ Belfast
RZ Antrim
SZ Down
TZ Belfast
UI Londonderry
VZ Tyrone
WZ Belfast
XI Belfast
XZ Armagh
YZ Londonderry
ZU Belfast

Wissenswertes über Großbritannien

Fläche: 244 100 qkm
Einwohner: 58,7 Mio.
Bevölkerungsdichte: 242 Einwohner pro qkm

Staatsform: parlamentarische Monarchie (Vereinigtes Königreich)
Währung: 1 Pfund Sterling = 100 Pence
Amtssprache: Englisch
Gesprochene Sprachen: Englisch, Walisisch, Gälisch
Religion: 45 % Anglikaner, 19 % sonstige Protestanten, 10 % Katholiken, 2,7 % Muslime, 1 % Hindus, 0,5 % Sikhs, 0,5 % Juden
Zeit: Westeuropäische Zeit (MEZ - 1 Stunde)
Nationalfeiertage: im Juni, Tag jährlich wechselnd; England: 23. April, Wales: 1. März, Schottland: 30. November

Hauptstadt: London
Die größten Städte: London 7 420 000 Ew. (Greater London 12 600 000 Ew.), Birmingham (980 000 Ew.), Glasgow (610 000 Ew.), Liverpool (468 000 Ew.)
Längster Fluss: Themse, 388 km
Höchster Berg: Ben Nevis, 1343 m
Größter See: Lough Neagh, 396 qkm

Promillegrenze: 0,8
Bekannte Automarken: Bentley, Daimler, Jaguar, Lotus, Mc Laren, Morgan, Rolls Royce, Rover, Vauxhall, Williams

Höchstgeschwindigkeiten in Großbritannien

	innerhalb v. Ortschaften	außerhalb v. Ortschaften	Schnell-straßen	Autobahnen
Pkw	48 km/h	96 km/h	112 km/h	112 km/h
Pkw mit Anhänger	48 km/h	80 km/h	96 km/h	96 km/h
Motorr.	48 km/h	96 km/h	112 km/h	112 km/h

Griechische Autokennzeichen sind weiß und haben eine schwarze Aufschrift. Die Umrandung des Schildes ist ebenfalls schwarz. Seit 2004 werden auch in Griechenland Schilder nach europäischem Standard mit blauer Banderole am linken Rand ausgegeben. Die Kennzeichen bestehen aus drei Buchstaben, gefolgt von einer vierstelligen Zahlenkombination.

Es werden allerdings nur Buchstaben verwendet, die sowohl im griechischen als auch im lateinischen Alphabet vorkommen. Das sind die Lettern A, B, E, H, I, K, M, N, O, P, T, X, Y und Z. Die ersten beiden Buchstaben geben Aufschluss über die Herkunft des Fahrzeuges. Sie zeigen den Distrikt an, in dem das Fahrzeug gemeldet ist.

In der nachstehenden Liste sind die Distrikte angegeben. Die jeweilige Hauptstadt steht in Klammern, sofern sie nicht mit dem Namen des Distrikts identisch ist. Die Buchstaben sind in der Regel dem Namen des Distrikts bzw. der Hauptstadt entnommen, was aber für den deutschen Leser wegen der oft ganz anderen Bedeutung der griechischen Buchstaben nicht nachvollziehbar ist.

AH	*Xanthi*
AI	*Agrinio (Agrinion)*
AK	*Lakonien (Sparti) [Sparta]*
AM	*Phokis (Amfissa)*
AN	*Lasithion (Ajios Nikolaos)*
AP	*Argolis (Nauplion)*
AT	*Artas (Arta)*
AX	*Achäa (Patras)*
BI	*Böotien (Levadia)*
BO	*Magnesien (Volos)*
EB	*Evros (Alexandrupolis)*
EE	*Pellis (Edessa)*
EM	*Kykladen (Ermupolis)*
EP	*Serrä*
EY	*Lefkas*
HA	*Ilias (Pyrgos)*
HK	*Iraklion*
HM	*Imadia*
HN	*Thesprotias (Igumenitsa)*
HP	*Iraklion*
IN	*Ioannina*
KA	*Karditsa*
KB	*Kavala*
KE	*Kefallinia (Argostolion)*
KH	*Euritanien (Karpenission)*
KI	*Kilkis*
KM	*Messenien (Kalamata)*
KN	*Pierias (Katarini)*
KO	*Rodopis (Komotini)*
KP	*Korinthos [Korinth]*
KT	*Kastoria*
KX	*Kos*
KY	*Kerkyra [Korfu]*
KZ	*Kosani*
ME	*Ätolien (Messolongion)*
MH	*Limnos (Myrina)*
MI	*Othiotidos (Lamia)*
MO	*Samos*
MY	*Lesbos (Mytilini)*
NA	*Thessaloniki*
NB	*Thessaloniki*
NE	*Thessaloniki*
NH	*Thessaloniki*
NI	*Thessaloniki*

NK	*Thessaloniki*
NM	*Thessaloniki*
NN	*Thessaloniki*
NO	*Thessaloniki*
NP	*Thessaloniki*
NT	*Thessaloniki*
NX	*Thessaloniki*
NY	*Thessaloniki*
NZ	*Thessaloniki*
OP	*Orestiada*
PA	*Florina*
PE	*Rethymnon*
PI	*Larissa*
PM	*Drama*
PN	*Grevena*
PO	*Dodekanes (Rhodos)*
PZ	*Prevesa*
TK	*Trikala*
TP	*Arkadien (Tripoli)*
XA	*Euböa (Chalkis)*
XI	*Chios*
XK	*Chalkidike (Polygyros)*
XN	*Chania*
YA	*Athen*
YB	*Athen*
YE	*Athen*
YH	*Athen*
YI	*Piräus*
YK	*Piräus*
YM	*Piräus*
YN	*Piräus*
YO	*Attika*
YP	*Attika*
YT	*Attika*
YX	*Attika*
YY	*Attika*
YZ	*Athen*
ZA	*Sakynthus (Zakynthos)*

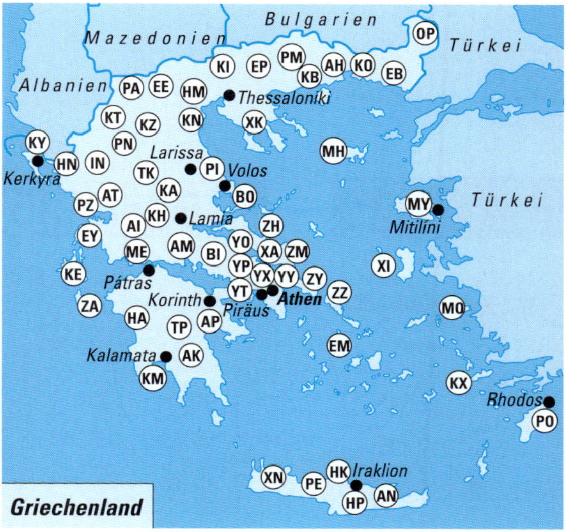

ZH *Attika*
ZM *Attika*
ZY *Attika*
ZZ *Attika*

Wissenswertes über Griechenland

Fläche: 131 957 qkm
Einwohner: 10,5 Mio.
Bevölkerungsdichte: 80 Einwohner pro qkm

Staatsform: Republik
Währung: Euro
Amtssprache: Griechisch
Gesprochene Sprache: Griechisch
Religion: 95 % Griechisch-Orthodoxe, 0,5 % Katholiken, 0,3 % Muslime
Zeit: Osteuropäische Zeit (MEZ + 1 Stunde)
Nationalfeiertage: 25. März und 28. Oktober

Hauptstadt: Athenai (Athen)
Die größten Städte:
Athenai (730 000 Ew., Groß-Athen 3 700 000 Ew.), Thessaloniki (Saloniki, 355 000 Ew.), Patras (158 000 Ew.), Iraklion (137 000 Ew.), Larissa (128 000 Ew.)
Längster Fluss: Aliakmon, 291 km
Höchster Berg: Olymp, 2917 m
Größter See: Limni Vegorritis, 81 qkm

Promillegrenze: 0,5

Höchstgeschwindigkeiten in Griechenland

	innerhalb v. Ortschaften	außerhalb v. Ortschaften	Schnellstraßen	Autobahnen
Pkw	50 km/h	110 km/h	120 km/h	120 km/h
Pkw mit Anhänger	50 km/h	110 km/h	120 km/h	120 km/h
Motorrad	40 km/h	70 km/h	90 km/h	90 km/h

In Ungarn lässt die sechsstellige Kombination aus drei Buchstaben und drei Ziffern keine Rückschlüsse auf die Herkunft des Fahrzeugs zu. Die Schilder sind weiß mit schwarzer Aufschrift und haben links das blaue Europaband mit Sternenkreis und Nationalitätskennzeichen.

Bei Kennzeichen, die vor 2004 ausgegeben wurden, ist am linken Schilderrand ein kleines Feld abgetrennt. Darin befindet sich das Nationalitätskennzeichen, darüber die Landesflagge.

Wissenswertes über Ungarn

Fläche: 93 030 qkm
Einwohner: 10,12 Mio.
Bevölkerungsdichte: 108 Einwohner pro qkm

Staatsform: Republik
Währung: Forint = 100 Fillér
Amtssprache: Ungarisch
Gesprochene Sprachen: Ungarisch, Roma, Deutsch, Slowakisch
Religion: 67 % Katholiken, 25 % Protestanten
Zeit: MEZ
Nationalfeiertage: 15. März, 20. August und 23. Oktober

Hauptstadt: Budapest
Die größten Städte: Budapest (1,7 Mio. Ew.), Debrecen (204 000 Ew.)
Längster Fluss: Theiß, ungarischer Anteil 579 km, Gesamtlänge 966 km
Höchster Berg: Kékes, 1015 m
Größter See: Plattensee, 592 qkm

Promillegrenze: Alkoholverbot

Höchstgeschwindigkeiten in Ungarn

	innerhalb v. Ortschaften	außerhalb v. Ortschaften	Schnellstraßen	Autobahnen
Pkw	50 km/h	80 km/h	100 km/h	120 km/h
Pkw mit Anhänger	50 km/h	70 km/h	70 km/h	80 km/h
Motorr.	50 km/h	80 km/h	100 km/h	120 km/h

Die kroatischen Kennzeichen sind weiß, ihre Aufschrift schwarz. Oben und unten sind sie durch einen Streifen in den Nationalfarben Rot-Weiß-Blau begrenzt. Anhand der beiden Buchstaben vor dem kroatischen Nationalwappen kann man die Herkunft des Fahrzeuges identifizieren. Nach dem Wappen folgt eine Zahlen- und eine Buchstabenkombination. Sie werden durch einen Strich getrennt.

BJ *Bjelovar*
BM *Beli Manastir*
ČK *Čakovec*
DA *Daruvar*
DE *Delnice*
DJ *Djakovo*
DU *Dubrovnik*
GS *Gospič*
IM *Imotski*
KA *Karlovac*
KC *Koprivnica*
KR *Krapina*
KT *Kutina*
KŽ *Križevci*
MA *Makarska*
NA *Nasice*
NG *Nova Gradiška*
OG *Ogulin*
OS *Osijek*
PS *Podravska Slatina*
PU *Pula*
PZ *Pozega*
RI *Rijeka*
SB *Slavonski Brod*
ŠI *Šibeník*
SK *Sisak*
ST *Split*
VK *Vinkovci*
VT *Virovitica*
VU *Vukovar*
VŽ *Varaždin*
ZD *Zadar*
ZG *Zagreb*
ŽU *Županja*

Amtliche Kennzeichen:

HV *Hrvatska Voyska (Militär)*

Höchstgeschwindigkeiten in Kroatien

	innerhalb v. Ortschaften	außerhalb v. Ortschaften	Schnell-straßen	Autobahnen
Pkw	60 km/h	90 km/h	100 km/h	130 km/h
Pkw mit Anhänger	60 km/h	80 km/h	80 km/h	80 km/h
Motorrad	60 km/h	90 km/h	100 km/h	130 km/h

Wissenswertes über Kroatien

Fläche: 56 538 qkm
Einwohner: 4,4 Mio.
Bevölkerungsdichte: 78 Einwohner pro qkm

Staatsform: Republik
Währung: 1 Kuna = 100 Lipa
Amtssprache: Kroatisch
Gesprochene Sprachen: Kroatisch, Serbisch
Religion: 87 % Katholiken, 4,4 % Serbisch-Orthodoxe, 1,4 % Protestanten, 1,2 % Muslime, 2,9 % konfessionslos

Zeit: MEZ
Nationalfeiertag: 30. Mai

Hauptstadt: Zagreb
Die größten Städte: Zagreb (900 000 Ew.), Split (188 000 Ew.), Rijeka (144 000 Ew.), Osijek (114 000 Ew.), Zadar (78 000 Ew.)
Längster Fluss: Save, 562 km kroatischer Anteil, Gesamtlänge 945 km
Höchster Berg: Dinara, 1831 m

Promillegrenze: 0,5

Das italienische Autonummernsystem hat sich mit der Zeit gewandelt. Ursprünglich war das Kennzeichen schwarz, die Schrift weiß. Später änderte die Regierung das Aussehen. Die Buchstaben, die die Provinz kennzeichnen, wurden in Orange gehalten. Die folgende Zahlen-Buchstaben-Kombination war wiederum weiß. Es folgte die Umstellung auf ein weißes Schild mit schwarzer Schrift. Das System allerdings wurde beibehalten: Die ersten beiden Buchstaben des Kennzeichens stehen für die Provinz, in der das Fahrzeug gemeldet ist.

In den letzten Jahren hatte man sich jedoch entschlossen, ein völlig neues System einzuführen. Dabei konnte man nun nicht mehr erkennen, woher das Auto stammt. Die Nummern wurden für ganz Italien nach alphabetischer Reihenfolge von AA-ZZ vergeben. Viele Autofahrer trauerten dem alten System nach. Deshalb findet man vielfach Aufkleber, an denen man neben der Nationalität auch die betreffende Provinz erkennen kann.

Mit der Einführung der Eurokennzeichen hat man in Italien nun doch entschieden, das regionale System beizubehalten. Die neuen italienischen Kennzeichen haben nun am linken und rechten Rand je eine blaue Banderole. Die linke zeigt den Sternenkranz und das Nationalkennzeichen I, im rechten Feld wird neben dem Erstzulassungsjahr die Provinz genannt, in der das Fahrzeug gemeldet ist. Die Nummern werden von AA bis ZZ vergeben.

Der Buchstabe hinter den Ortsnamen verweist auf die Karte Nord (S. 71) oder Karte Süd (S. 73).

AG *Agrigento; S*
AL *Alessandria; N*
AN *Ancona; N*
AO *Aosta; N*
AP *Ascoli Piceno; N*
AQ *L'Aquila; N/S*
AR *Arezzo; N*
AT *Asti; N*
AV *Avellino; S*

BA *Bari; S*
BG *Bergamo; N*
BI *Biella; N*
BL *Belluno; N*
BN *Benevento; S*
BO *Bologna; N*
BR *Brindisi; S*
BS *Brescia; N*
BZ *Bolzano (Bozen); N*

CA	*Cagliari; S*
CB	*Campobasso; S*
CE	*Caserta; S*
CH	*Chieti; N/S*
CL	*Caltanissetta; S*
CN	*Cuneo; N*
CO	*Como; N*
CR	*Cremona; N*

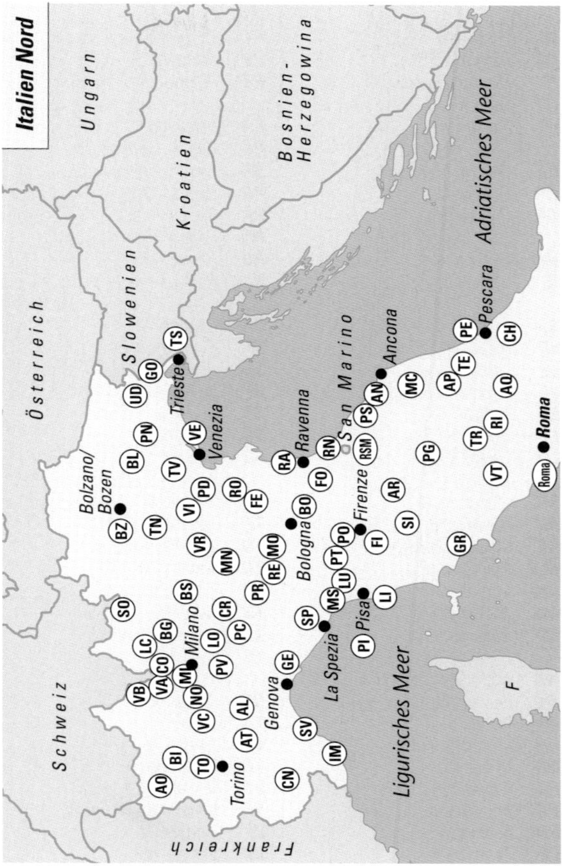

CS *Cosenza; S*
CT *Catania; S*
CZ *Catanzaro; S*

EN *Enna; S*

FE *Ferrara; N*
FG *Foggia; S*
FI *Firenze (Florenz); N*
FO *Forlì; N*
FR *Frosinone; S*

GE *Genova (Genua); N*
GO *Gorizia; N*
GR *Grosseto; N*

IM *Imperia; N*
IS *Isernia; S*

KR *Crotone; S*
LC *Lecco; N*
LE *Lecce; S*
LI *Livorno; N*
LO *Lodi; N*
LT *Latina; S*
LU *Lucca; N*

MC *Macerata; N*
ME *Messina; S*
MI *Milano (Mailand); N*
MN *Mantova; N*
MO *Modena; N*
MS *Massa; N*
MT *Matera; S*

NA *Napoli (Neapel); S*
NO *Novara; N*
NU *Nuoro; S*

OR *Oristano; S*
PA *Palermo; S*
PC *Piacenza; N*
PD *Padova; N*
PE *Pescara; N*
PG *Perugia; N*
PI *Pisa; N*
PN *Pordenone; N*
PO *Prato; N*
PR *Parma; N*
PS *Pesaro; N*
PT *Pistoia; N*
PV *Pavia; N*
PZ *Potenza; S*

RA *Ravenna; N*
RC *Reggio Calabria; S*
RE *Reggio Emilia; N*
RG *Ragusa; S*
RI *Rieti; N*
RN *Rimini; N*
RO *Rovigo; N*
ROMA *Roma (Rom); N/S*

SA *Salerno; S*
SI *Siena; N*
SO *Sondrio; N*
SP *La Spezia; N*
SR *Siracusa; S*
SS *Sassari; S*
SV *Savona; N*

TA *Taranto; S*
TE *Teramo; N*
TN *Trento (Trient); N*
TO *Torino (Turin); N*
TP *Trapani; S*
TR *Terni; N*
TS *Trieste (Triest); N*
TV *Treviso; N*

UD *Udine; N*

VA *Varese; N*
VB *Verbania; N*
VC *Vercelli; N*
VE *Venezia (Venedig); N*
VI *Vicenza; N*
VR *Verona; N*

VT *Viterbo; N*
VV *Vibo Valentia; S*

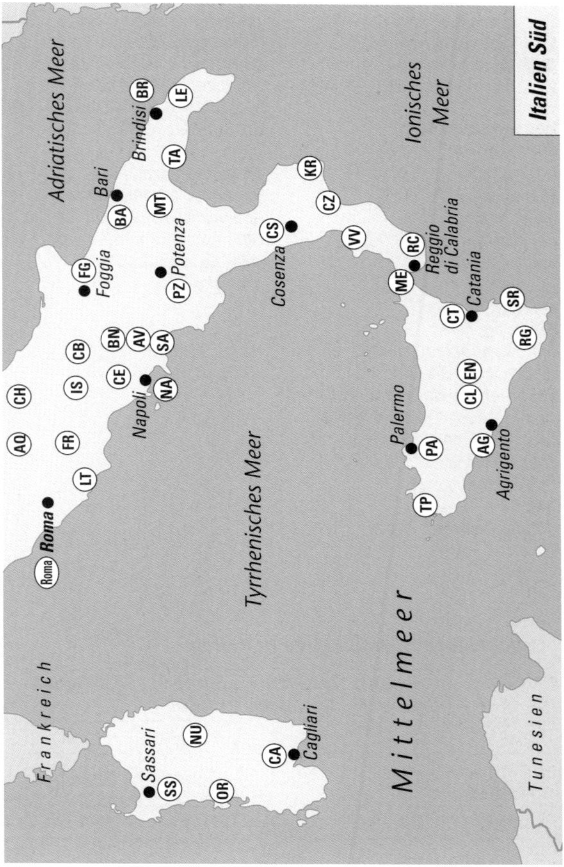

Sonderkennzeichen:

CRI *Croce Rossa Italiana*
AM *Aeronautica Militare*
CFS *Corpo Forestale dello Stato*
EI *Esercito Italiano (Militär)*
GdF *Guardia di Finanza (Zoll)*
MM *Marina Militare (Marine)*
VF *Vigili del Fuoco (Feuerwehr)*

Wissenswertes über Italien

Fläche: *301 277 qkm*
Einwohner: *57,5 Mio.*
Bevölkerungsdichte: *192 Einwohner pro qkm*

Staatsform: *Republik*
Währung: *Euro*
Amtssprachen: *Italienisch, regional Deutsch, Französisch*
Gesprochene Sprachen: *Italienisch, Sardisch, Deutsch, Französisch, Ladinisch, Slowenisch*
Religion: *84 % Katholiken, 16 % konfessionslos*
Zeit: *MEZ*
Nationalfeiertag: *2. Juni*

Hauptstadt: *Roma (Rom)*
Die größten Städte:
Roma (2 554 000 Ew.), Milano (Mailand, 1 300 000 Ew.), Napoli (Neapel, 995 000 Ew.), Torino (Turin, 902 000 Ew.), Palermo (675 000 Ew.)
Längster Fluss: *Po, 652 km*
Höchster Berg: *Monte Bianco/ Mont Blanc de Courmayeur, 4748 m*
Größter See: *Gardasee, 370 qkm*

Promillegrenze: *0,8*
Bekannte Automarken:
Alfa Romeo, Bugatti, De Tomaso, Ferrari, Fiat, Innocenti, Lamborghini, Lancia, Maserati

Höchstgeschwindigkeiten in Italien

	innerhalb v. Ortschaften	außerhalb v. Ortschaften	Schnellstraßen	Autobahnen
Pkw	50 km/h	90 km/h	110 km/h	130 km/h
Pkw mit Anhänger	50 km/h	70 km/h	70 km/h	80 km/h
Motorr.	50 km/h	90 km/h	110 km/h	130 km/h

Die irischen Kennzeichen bestehen aus schwarzen Buchstaben und Ziffern auf weißem Grund. Am linken Schilderrand findet man das Europasymbol mit der Bezeichnung IRL. Die ersten beiden Ziffern geben das Zulassungsjahr an (z. B.: 98 = 1998). Dann folgt zwischen zwei Bindestrichen die Abkürzung der Stadt bzw. der Grafschaft. Am Ende steht eine Registrierungsnummer. Die Abkürzung der Stadt bzw. Grafschaft ist aus der englischen Bezeichnung entnommen. Die gälische Bezeichnung steht im vollen Wortlaut darüber.

C	*Corcaigh*	*Cork*
CE	*An Clár*	*Clare*
CN	*An Cabhán*	*Cavan*
CW	*Ceatherlach*	*Carlow*
D	*Baile Átha Cliath*	*Dublin*
DL	*Dún Na Ngáll*	*Donegal*
G	*Gaillimh*	*Galway*
KE	*Cill Dara*	*Kildare*
KK	*Cill Cheannaigh*	*Kilkenny*
KY	*Ciarraí*	*Kerry*
L	*Luimneach*	*Limerick Stadt*
LD	*An Longhport*	*Longford*
LH	*An Lú*	*Louth*
LK	*Luimneach*	*Limerick Land*
LM	*Liatroim*	*Leitrim*
LS	*Laois (Laoighis)*	*Leix*
MH	*An Mhí*	*Meath*
MN	*Muineachán*	*Monaghan*
MO	*Maigh Eo*	*Mayo*
OY	*Uibh Fhailí*	*Offaly*

Höchstgeschwindigkeiten in Irland

	innerhalb v. Ortschaften	außerhalb v. Ortschaften	Schnellstraßen	Autobahnen
Pkw	48 km/h	96 km/h	–	112 km/h
Pkw mit Anhänger	48 km/h	80 km/h	–	80 km/h
Motorrad	48 km/h	96 km/h	–	112 km/h

RN	Ros Comáin	Roscommon	**W**	Port Lairge	Waterford Stadt
SO	Sligeach	Sligo	**WD**	Port Lairge	Waterford Land
TN	Tiobraid Arann	Tipperary North Riding	**WH**	An Iar-Mhí	West-meath
			WW	Cill Mhantáin	Wicklow
TS	Tiobraid Arann	Tipperary South Riding	**WX**	Loch Garman	Wexford

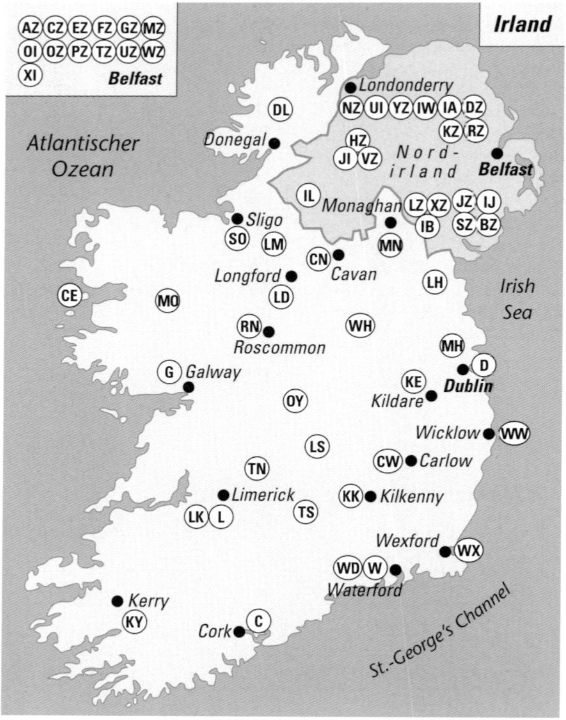

Wissenswertes über Irland

Fläche: 70 283 qkm
Einwohner: 4,04 Mio.
Bevölkerungsdichte: 55 Einwohner pro qkm

Staatsform: Republik
Währung: Euro
Amtssprachen: Irisch (Gälisch), Englisch
Gesprochene Sprachen: Irisch (Gälisch), Englisch
Religion: 87,8 % Katholiken, 3,2 % Anglikaner (Church of Ireland), 0,8 % Juden, 0,5 % Presbyterianer
Zeit: Westeuropäische Zeit (MEZ - 1 Stunde)
Nationalfeiertag: 17. März

Hauptstadt: Dublin
Die größten Städte: Dublin (480 000 Ew.), Cork (181 000 Ew.), Limerick (80 000 Ew.), Galway (49 000 Ew.), Dun Laoihaire (57 000 Ew.)
Längster Fluss: Shannon, 350 km
Höchster Berg: Carrantuohill, 1041 m
Größter See: Lough Corrib, 176 qkm

Promillegrenze: 0,8

Isländische Autokennzeichen sind durch ihre blaue Schrift auf weißem Grund gut zu erkennen. Sie bestehen aus zwei Buchstaben und drei Nummern. Am linken Schilderrand ist das Gemeindewappen abgebildet. Die Kennzeichen werden fortlaufend, aufsteigend vergeben. Der Wagen behält sein Kennzeichen bis zur Stilllegung, ungeachtet eines Besitz- und Wohnwechsels.

Fahrzeuge aus Island sind auf dem Kontinent äußerst selten anzutreffen.

Wissenswertes über Island

Fläche: *103 000 qkm*
Einwohner: *293 000*
Bevölkerungsdichte: *3 Einwohner pro qkm*

Staatsform: *Republik*
Währung: *1 Isländische Krone = 100 Aurar*
Amtssprache: *Isländisch*
Gesprochene Sprache: *Isländisch*
Religion: *93 % Protestanten, 1 % Katholiken*
Zeit: *Westeuropäische Zeit (MEZ - 1 Stunde)*
Nationalfeiertag: *17. Juni*

Hauptstadt: *Reykjavík*
Die größten Städte: *Reykjavík (114 000 Ew.), Kópavogur (25 000 Ew.), Hafnarfjörður (22 000 Ew.), Akureyri (15 000 Ew.), Keflavík (8000 Ew.)*
Längster Fluss: *Þjórsá, 230 km*
Höchster Berg: *Hvannadalshnjúkur, 2119 m*

Promillegrenze: *0,5*

Höchstgeschwindigkeiten in Island

	innerhalb v. Ortschaften	außerhalb v. Ortschaften (nicht asphal.)	Schnellstraßen	außerhalb v. Ortschaften (asphaltiert)
Pkw	50 km/h	80 km/h	–	90 km/h
Pkw mit Anhänger	50 km/h	80 km/h	–	80 km/h
Motorrad	50 km/h	80 km/h	–	90 km/h

Luxemburg verzichtet auf die Darstellung eines nationalen Emblems zu Gunsten einer Europaflagge. Das Schild ist gelb und trägt schwarze Buchstaben und Zahlen. Die Herkunft ist nicht erkennbar. Die laufende Kennzeichenserie ist vier- oder fünfstellig.

Es gibt auch so genannte persönliche Kennzeichen, die nur aus Ziffern bestehen. Für bestimmte Fahrzeuge werden Sonderkennzeichen ausgegeben. Der Fuhrpark des Großherzogs hat die Nummern 1–19. Die Wagen der Regierung haben die Nummern 20–40. Die Abgeordneten fahren mit den Kennzeichen P1–P19. Die Fahrzeuge der staatlichen Verwaltung haben die Nummern A0001–A9999.

Wissenswertes über Luxemburg

Fläche: *2586 qkm*
Einwohner: *460 000*
Bevölkerungsdichte: *181 Einwohner pro qkm*

Staatsform: *parlamentarische Monarchie (Großfürstentum)*
Währung: *Euro*
Amtssprachen: *Französisch, Deutsch, Lëtzebuergisch*
Gesprochene Sprachen: *Französisch, Deutsch, Lëtzebuergisch*
Religion: *91 % Katholiken*
Nationalfeiertag: *23. Juni*

Hauptstadt: *Luxembourg (Luxemburg, 82 000 Ew.)*
Längster Fluss: *Sauer, 150 km luxemburgischer Anteil, Gesamtlänge 172 km*
Höchster Berg: *Burgplatz, 559 m*

Promillegrenze: *0,8*

Höchstgeschwindigkeiten in Luxemburg

	innerhalb v. Ortschaften	außerhalb v. Ortschaften	Schnellstraßen	Autobahnen
Pkw	50 km/h	90 km/h	–	120 km/h
Pkw mit Anhänger	50 km/h	75 km/h	–	90 km/h
Motorrad	50 km/h	90 km/h	–	120 km/h

Litauen hat im Jahr 2004 Kennzeichen nach dem europäischen Standard eingeführt. Das Schild beginnt links mit einem blauen Streifen. Auf ihm sind der EU-Sternenkreis und das Nationalitätskennzeichen LT zu sehen. Bei älteren Fahrzeugen ist statt des Sternenkreises die Fahne Litauens (Gelb-Grün-Rot) in dem blauen Band abgebildet.

Der Aufbau der Autonummer ist unverändert, jedoch kann man seit der Umstellung auf das EU-Kennzeichen nicht mehr erkennen, woher das Fahrzeug stammt. Die sechsstellige Nummer besteht aus drei Buchstaben und drei Ziffern. Zwischen beiden befinden sich TÜV-Plakette und Dienstsiegel.

Bei den alten Kennzeichen konnte man anhand des mittleren Buchstabens die Herkunft des Fahrzeuges ablesen (DMG 195: M = Marijampolé).

A *Alytus*
J *Jurbarkas*
K *Kaunas*
L *Klaipėda (Memel)*
M *Marijampolė*
P *Panevėžys*
S *Šiauliai*
T *Telšiai*
U *Utena*
V *Vilnius*

Höchstgeschwindigkeiten in Litauen

	innerhalb v. Ortschaften	außerhalb v. Ortschaften	Schnellstraßen	Autobahnen
Pkw	60 km/h	90 km/h	–	110 km/h
Pkw mit Anhänger	60 km/h	70 km/h	–	70 km/h
Motorrad	60 km/h	90 km/h	–	110 km/h

Wissenswertes über Litauen

Fläche: 65 300 qkm
Einwohner: 3,48 Mio.
Bevölkerungsdichte: 53 Einwohner pro qkm

Staatsform: Republik
Währung: 1 Litas = 100 Centas
Amtssprache: Litauisch
Gesprochene Sprachen: Litauisch, Russisch, Polnisch, Weißrussisch
Religion: 79 % Katholiken, 4 % Russisch-Orthodox
Zeit: Osteuropäische Zeit (MEZ + 1 Stunde)
Nationalfeiertag: 16. Februar

Hauptstadt: Vilnius
Die größten Städte: Vilnius (542 000 Ew.), Kaunas (Kovno, 374 000 Ew.), Klaipeda (Memel, 193 000 Ew.)
Längster Fluss: Memel, 500 km litauischer Anteil, Gesamtlänge 937 km
Höchster Berg: Juozapines, 294 m
Größter See: Drukšiusee

Promillegrenze: Alkoholverbot

Die lettischen Autokennzeichen sind weiß mit schwarzer Aufschrift. Mit dem Beitritt zur EU 2004 wurden neue Kennzeichen nach europäischem Muster eingeführt. Vor der Reform erkannte man lettische Autokennzeichen leicht an den Landesfarben Rot-Weiß-Rot in der linken oberen Ecke des Schildes. Die Buchstaben-Zahlen-Kombination gibt keinen Aufschluss über die Herkunft des Wagens.

Wissenswertes über Lettland

Fläche: 64 600 qkm
Einwohner: 2,4 Mio.
Bevölkerungsdichte: 36 Einwohner pro qkm

Staatsform: Republik
Währung: 1 Lats = 100 Santims
Amtssprache: Lettisch
Gesprochene Sprachen: Lettisch, Russisch
Religion: 55 % Protestanten, 24 % Katholiken, 9 % Russisch-Orthodoxe
Zeit: Osteuropäische Zeit (MEZ + 1 Stunde)
Nationalfeiertag: 18. November

Hauptstadt: Riga
Die größten Städte: Riga (743 000 Ew.), Daugavpils (Dünaburg, 117 000 Ew.), Liepája (Libau, 85 000 Ew.)
Längster Fluss: Daugava, 357 km
Höchster Berg: Gaizina kalns, 311 m
Größter See: Lubanas, 82 qkm

Promillegrenze: 0,5

Höchstgeschwindigkeiten in Lettland

	innerhalb v. Ortschaften	außerhalb v. Ortschaften	Schnellstraßen	Autobahnen
Pkw	50 km/h	90 km/h	–	110 km/h
Pkw mit Anhänger	50 km/h	80 km/h	–	90 km/h
Motorrad	50 km/h	90 km/h	–	110 km/h

Die maltesischen Autokennzeichen sind nach europäischem Muster aufgebaut. Die Nummernschilder bestehen aus drei Buchstaben, gefolgt von ebenso vielen Ziffern. Die Kennzeichen werden jeweils für ein Jahr vergeben. Am ersten Buchstaben kann man den Monat ablesen, in dem die Zulassung abläuft.

Für bestimmte Personenkreise, wie zum Beispiel Taxis oder Regierungsfahrzeuge, werden spezielle Buchstabenkombinationen vergeben. Daneben gibt es – gegen Gebühr – personalisierte Nummernschilder.

Wissenswertes über Malta

Fläche: 316 qkm
Einwohner: 400 000
Bevölkerungsdichte: 1255 Einwohner pro qkm

Staatsform: Republik
Währung: 1 Maltesische Lira = 100 Cents = 1000 Mils
Amtssprachen: Maltesisch, Englisch
Gesprochene Sprachen: Maltesisch, Englisch, Italienisch
Religion: 97 % Katholiken, protestantische Minderheit
Zeit: MEZ
Nationalfeiertag: 21. September

Hauptstadt: Valletta
Die größten Städte: Birkirkara (22 000 Ew.), Qormi (18 000 Ew.), Mosta (16 000 Ew.), Valletta (6700 Ew.)
Längster Fluss: Wied il-Ghasel, 14 km
Höchster Berg: Nadur, 253 m

Promillegrenze: absolutes Alkoholverbot

Höchstgeschwindigkeiten auf Malta

	innerhalb v. Ortschaften	außerhalb v. Ortschaften	Schnellstraßen	Autobahnen
Pkw	40 km/h	64 km/h	–	–
Pkw mit Anhänger	40 km/h	64 km/h	–	–
Motorrad	40 km/h	64 km/h	–	–

Gut zu erkennen sind monegassische Kennzeichen an ihrer blauen Schrift auf weißem Grund. Nur die Saisonkennzeichen haben eine rote Aufschrift. Sie tragen das Zeichen TT (Transit temporaire), gefolgt von einer zweistelligen Nummer. Die normale Serie für Autos besteht entweder aus einer vierstelligen Ziffernkombination oder aus einem Buchstaben und drei Zahlen. Für Motorräder werden die Kombinationen AA01–ZZ99 vergeben.

Das monegassische Fürstenhaus hat eigene Kennzeichen. Sie bestehen aus den beiden Buchstaben MC und einer Zahl von 01–99.

Wissenswertes über Monaco

Fläche: 1,95 qkm
Einwohner: 32 000
Bevölkerungsdichte: 16 400 Einwohner pro qkm

Staatsform: parlamentarische Monarchie (Fürstentum)
Währung: Euro
Amtssprache: Französisch
Gesprochene Sprachen: Französisch, Monegassisch, Italienisch
Religion: 89 % Katholiken, 6 % Protestanten, orthodoxe und jüdische Minderheiten
Zeit: MEZ
Nationalfeiertag: 19. November

Hauptstadt: Monaco-Ville
Höchster Berg: 163 m

Promillegrenze: 0,5

Höchstgeschwindigkeiten in Monaco

	innerhalb v. Ortschaften	außerhalb v. Ortschaften	Schnellstraßen	Autobahnen
Pkw	50 km/h	90 km/h	110 km/h	–
Pkw mit Anhänger	50 km/h	80 km/h	80 km/h	–
Motorrad	50 km/h	90 km/h	110 km/h	–

Die moldawischen Kennzeichen sind weiß und haben eine schwarze Aufschrift. Am linken Schilderrand ist ein Feld abgetrennt, in dem das Staatswappen und das Nationalitätskennzeichen MD zu sehen sind. Die ersten beiden Lettern der folgenden sechsstelligen Buchstaben-Ziffern-Kombination geben den Verwaltungsbezirk an, in dem der Wagen gemeldet ist. Für die Hauptstadt Chişinău (Kishinow) gilt nur der erste Buchstabe, ein C.

Des Weiteren gibt es für bestimmte Personenkreise eigene Kennzeichen. Ausländische Pendler beispielsweise tragen folgende Schilder: Hinter einem normal großen Buchstaben erscheint ein tiefer gesetzter Großbuchstabe, eine Nummer und nochmals ein tief gesetzter Buchstabe (z. B.: T-$_{T}$ 010 $_{A}$). Ausländer und Staatenlose haben eine Monats- und Jahresangabe am rechten Schilderrand.

Während bei den Kennzeichen für PKW die drei Buchstaben am Anfang stehen, kommt bei Anhängern erst die dreistellige Zahl.

AN	*Kreis Anenii*
BE	*Stadt Bendery*
BL	*Stadt Belcy*
BR	*Kreis Bričany*
BS	*Kreis Bessarabka*
C	*Stadt Chişinău (Kishinow)*
CC	*Kreis Kamenka*
CG	*Kreis Tshadyr-Lunga*
CH	*Kreis Kachul*
CL	*Kreis Kelarash*
CM	*Kreis Tshimishlia*
CN	*Kreis Keinar*
CO	*Kreis Komrat*
CR	*Kreis Kriulen*
CS	*Kreis Kaushany*
CT	*Kreis Kantenir*
DB	*Kreis Dubessar*
DN	*Kreis Dondushen*
DR	*Kreis Drokia*
ED	*Kreis Jedinez*
FL	*Kreis Felesht*
FR	*Kreis Floresht*
GL	*Kreis Gloden*
GR	*Kreis Grigoriopol*
HN	*Kreis Hynčest*
IL	*Kreis Jalowen*
LV	*Kreis Leowo*

NS	*Kreis Nisporem*
OC	*Kreis Okniza*
OR	*Kreis Orcjei*
RB	*Kreis Rybnica*
RS	*Kreis Ryshkany*
RZ	*Kreis Resina*
SD	*Kreis Sholdanesht*
SG	*Kreis Syntsherei*
SL	*Kreis Slobosia*
SR	*Kreis Soroki*
ST	*Kreis Streshen*
SV	*Kreis Stephan-Wode*
TA	*Kreis Taraklia*
TL	*Kreis Telenesht*
TR	*Kreis Taraklia*
TS	*Stadt Tiraspol*
UN	*Kreis Ungen*
VL	*Kreis Bulkenesh*

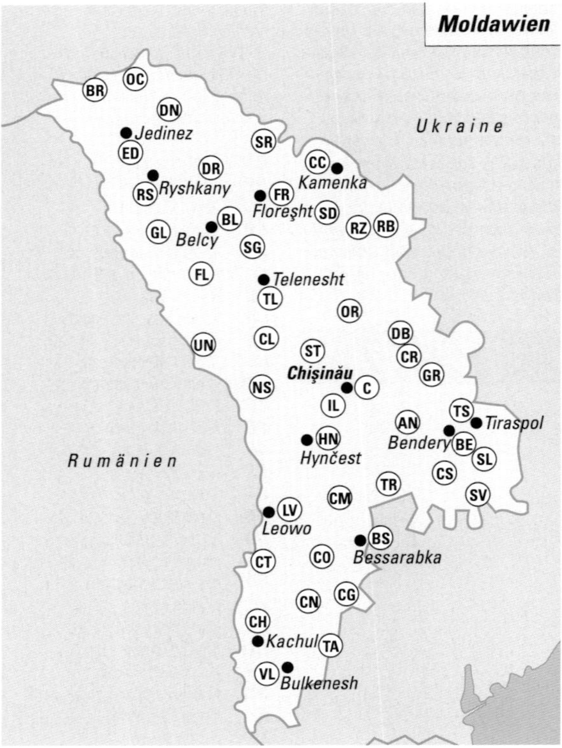

Wissenswertes über Moldawien

Fläche: 33 700 qkm
Einwohner: 4,4 Mio.
Bevölkerungsdichte: 131 Einwohner pro qkm

Staatsform: Republik
Währung: 1 Leu (Mehrzahl Lei) = 100 Bani
Amtssprache: Moldawisch
Gesprochene Sprachen: Moldawisch, Russisch
Religion: 65 % Moldawisch-Orthodoxe, russisch-orthodoxe Minderheit
Zeit: Osteuropäische Zeit (MEZ + 1 Stunde)
Nationalfeiertag: 27. August

Hauptstadt: Chişinău (Kischinau)
Die größten Städte: Chişinău (647 000 Ew.), Tiraspol (168 000 Ew.), Balti (Belcy, 123 000 Ew.)
Längster Fluss: Dnjestr, 600 km moldawischer Anteil, Gesamtlänge 1352 km
Höchster Berg: Balanesti, 429 m
Größter See: Coştestistausee, 92 qkm

Promillegrenze: absolutes Alkoholverbot

Höchstgeschwindigkeiten in Moldawien

	innerhalb v. Ortschaften	außerhalb v. Ortschaften	Schnellstraßen	Autobahnen
Pkw	60 km/h	90 km/h	–	110 km/h
Pkw mit Anhänger	50 km/h	80 km/h	–	90 km/h
Motorrad	60 km/h	90 km/h	–	110 km/h

Die mazedonischen Kennzeichen sind weiß und haben eine schwarze Aufschrift. Oben und unten ist das Nummernschild durch eine rote Linie eingerahmt. Das Kennzeichen selbst besteht aus zwei Buchstaben, die das Registrierungsgebiet des Fahrzeuges angeben, einer dreistelligen Registernummer und zwei Buchstaben. Zwischen den Kennbuchstaben des Registrierungsgebietes und der Registernummer befindet sich ein rotes rechteckiges Schildchen. In ihm sind die Erkennungsbuchstaben und die beiden anderen Lettern in kyrillischer Schrift zu sehen.

BT *Bitola*
GV *Gostivar*
KU *Kumanovo*
OH *Ohrid*
PP *Prilep*
SK *Skopje*
SR *Strumica*
ŠT *Štip*
VE *Veles*

Höchstgeschwindigkeiten in Mazedonien

	innerhalb v. Ortschaften	außerhalb v. Ortschaften	Schnell-straßen	Autobahnen
Pkw	50/60 km/h	80 km/h	100 km/h	120 km/h
Pkw mit Anhänger	50/60 km/h	80 km/h	80 km/h	80 km/h
Motorrad	50/60 km/h	80 km/h	100 km/h	120 km/h

Wissenswertes über Mazedonien

Fläche: 25 713 qkm
Einwohner: 2 Mio.
Bevölkerungsdichte: 81 Einwohner pro qkm

Staatsform: Republik
Währung: 1 Mazedonischer Denar = 100 Deni
Amtssprache: Mazedonisch
Gesprochene Sprachen: Mazedonisch, Albanisch, Türkisch
Religion: 64 % Mazedonisch-Orthodoxe, 30 % Muslime, 0,5 % Katholiken
Zeit: MEZ
Nationalfeiertag: 8. September

Hauptstadt: Skopje
Die größten Städte: Skopje (475 000 Ew.), Kumanovo (108 000 Ew.), Tetovo (74 000 Ew.)
Längster Fluss: Vardar, 300 km mazedonischer Anteil, Gesamtlänge 420 km
Höchster Berg: Korab, 2764 m
Größter See: Ohridsee, 247 qkm mazedonischer Anteil, Gesamtfläche 367 qkm

Promillegrenze: 0,5

Die norwegischen Autoschilder haben schwarze Buchstaben und Ziffern auf weißem Grund. Aus der Buchstabenkombination kann man erkennen, in welchem Distrikt das Fahrzeug gemeldet ist.

Der Buchstabe hinter den Ortsnamen verweist auf die Karte Süd (S. 91) oder Karte Nord (S. 92).

AA–AC	*Halden; N*
AD–AH	*Fredrikstad; N*
AJ–AP	*Mysen; N*
AR–AV	*Fredrikstad; N*
AX–AZ	*Moss; N*
BB	*Moss; N*
BC–BK	*Drøbak; N*
BL–CB	*Sandvika; S*
CC–CZ	*Lillestrøm; N*
DA–FE	*Oslo; N/S*
FK	*Storslett; N*
FL	*Tromsø (mit Svalbard); N*
FN	*Moss; N*
FP	*Trondheim; S*
FR	*Vadsø; N*
FS–HA	*Hamar; S*
HB–HE	*Elverum; S*
HF–HH	*Tynset; S*
HJ–HR	*Kongsvinger; S*
HS–HY	*Lillehammer; S*
HZ–JB	*Otta; S*
JC–JP	*Gjøvik; S*
JR–JT	*Fagernes; S*
JU–KA	*Hønefoss; N*
KB–KD	*Gol; S*
KE–KS	*Drammen; N*
KT–KY	*Kongsberg; N*
KZ–LF	*Horten; N*
LH–LR	*Tønsberg; N*
LS–NC	*Larvik; N*
LY	*Sandefjord; S*
ND–NU	*Skien; N*
NV–NZ	*Notodden; N*
PA–PB	*Rjukan; S*
PC–PL	*Arendal; S*
PN–PV	*Kristiansand; S*
PX–RD	*Mandal; S*
RA–RB	*Flekkefjord; S*
RE–RY	*Stavanger; S*
RZ–SB	*Egersund; S*
SC–SL	*Haugesund; S*

Höchstgeschwindigkeiten in Norwegen

	innerhalb v. Ortschaften	außerhalb v. Ortschaften	Schnellstraßen	Autobahnen
Pkw	50 km/h	80 km/h	–	90 km/h
Pkw mit Anhänger	50 km/h	60/80 km/h	–	60/80 km/h
Motorrad	50 km/h	80 km/h	–	90 km/h

SN–TE	*Bergen; S*
TF–TK	*Voss; S*
TL–TR	*Stord; S*
TS–TU	*Odda; S*
TV–TZ	*Førde; S*
UA–UB	*Nordfjordeid; S*
UC–UD	*Sogndal; S*
UE–UL	*Ålesund; S*
UN–UP	*Ørsta; S*
UR–UV	*Molde; S*
UX–VA	*Kristiansund; S*
VB–VC	*Sunndalsøra; S*
VD–VR	*Trondheim; S*
VS–VV	*Støren; S*
VX–VZ	*Orkanger; S*
XA–XC	*Brekstad; S*
XD–XJ	*Steinkjer; S*
XK–XJ	*Levanger; S*
XN–XP	*Stjørdal; S*
XR–XU	*Namsos; N/S*
XV–XZ	*Mosjøen; N*
YA–YD	*Mo i Rana; N*
YE–YJ	*Bodø; N*
YN–YS	*Narvik; N*
YT–YY	*Svolvær; N*
YU–YX	*Sortland; N*
YZ–ZD	*Harstad; N*
ZE–ZN	*Tromsø, inkl. Svalbard; N*
ZF–ZJ	*Finnsnes; N*
ZP–ZR	*Vadsø; N*
ZS	*Kirkenes; N*
ZT–ZV	*Alta; N*
ZX	*Hammerfest; N*
ZZ	*Lakselv; N*

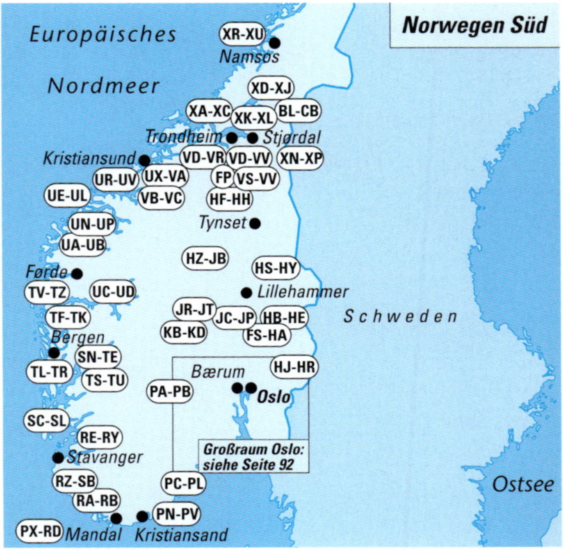

Wissenswertes über Norwegen

Fläche: 323 878 qkm (ohne Spitzbergen)
Einwohner: 4,6 Mio.
Bevölkerungsdichte: 14 Einwohner pro qkm

Staatsform: parlamentarische Monarchie (Königreich)
Währung: 1 Norwegische Krone = 100 Øre
Amtssprache: Norwegisch
Gesprochene Sprachen: Norwegisch, Lappisch
Religion: 89 % Protestanten, 0,8 % Katholiken, 0,5 % Muslime

Zeit: MEZ
Nationalfeiertag: 17. Mai

Hauptstadt: Oslo
Die größten Städte: Oslo (800 000 Ew.), Bergen (214 000 Ew.), Stavanger (173 000 Ew.), Trondheim (146 000 Ew.), Fredrikstad (97 000 Ew.)
Längster Fluss: Glåma, 598 km
Höchster Berg: Glittertind, 2470 m
Größter See: Mjøsa, 366 qkm

Promillegrenze: 0,5

Die niederländischen Schilder sind gelb und ohne Umrandung. Ihre Aufschrift ist schwarz. Seit Ende 1997 wurden auch in den Niederlanden die Europakennzeichen eingeführt. Sie haben am linken Rand das blaue Europaband mit dem Sternenkreis und das Nationalitätskennzeichen NL. Die Autonummer besteht aus sechs Buchstaben und Ziffern, jeweils paarweise durch Bindestrich getrennt. Man kann allerdings nicht erkennen, woher das Fahrzeug kommt. Die Stellung der Buchstaben und Zahlen gibt allenfalls Auskunft über das Datum der Zulassung.

Code 1:
Buchstaben vor den Zahlen (z. B.: AB-12-13): ca. 1952 bis 1988

Code 2:
Buchstaben nach den Zahlen (z. B.: 12-34-AB): ca. 1965 bis 1984

Code 3:
Buchstaben zwischen den Zahlen (z. B.: 12-AB-34): ca. 1973 bis 1988

Code 4:
Ziffern zwischen den Buchstaben (z. B.: BB-01-BB): ca. 1979 bis 1996

Code 5:
Zahlen nach den Buchstaben (z. B.: DB-BB-01): ca. 1991 bis 1999

Code 6:
Zahlen vor den Buchstaben (z. B.: 01-BB-DB): seit ca. 1999

Wissenswertes über die Niederlande

Fläche: *41 528 qkm*
Einwohner: *16,3 Mio.*
Bevölkerungsdichte: *389 Einwohner pro qkm*

Staatsform: *parlamentarische Monarchie (Königreich)*
Währung: *Euro*
Amtssprachen: *Niederländisch, regional Friesisch*
Gesprochene Sprachen: *Niederländisch, Friesisch*
Religion: *31 % Katholiken, 21 % Protestanten, 5,5 % Muslime, 2 % Juden*
Zeit: *MEZ*
Nationalfeiertag: *30. April*

Hauptstadt: *Amsterdam*
Die größten Städte: *Amsterdam (740 000 Ew.), Den Haag (448 000 Ew.), Rotterdam (607 000 Ew.), Utrecht (275 000 Ew.), Eindhoven (200 000 Ew.)*
Längster Fluss: *Maas, 350 km niederländischer Anteil, Gesamtlänge 933 km*
Höchster Berg: *Vaalserberg, 321 m*

Promillegrenze: *0,5*

Höchstgeschwindigkeiten in den Niederlanden

	innerhalb v. Ortschaften	außerhalb v. Ortschaften	Schnellstraßen	Autobahnen
Pkw	50 km/h	80 km/h	100 km/h	120 km/h
Pkw mit Anhänger	50 km/h	80 km/h	80 km/h	80 km/h
Motorrad	50 km/h	80 km/h	100 km/h	120 km/h

In Portugal kann man die Herkunft der Fahrzeuge nicht an ihrem Nummernschild erkennen. Früher wurden die Nummern nach dem Muster AA-00-00 bis ZZ-99-99 zugeteilt.

Nachdem diese Zeichen alle vergeben waren, stehen die Zahlen seit 1992 vor den Buchstaben. Allerdings sind die Schilder jetzt weiß, die Aufschrift schwarz. Am linken Rand befindet sich das blaue Europaband. Inzwischen wurde das Kennzeichen um ein gelbes Feld am rechten Rand mit Erstzulassungsjahr und -monat erweitert. Abweichend wird die Kennzeichnung der Lastwagen gehandhabt. Hier findet man die Kombination aus einem Buchstaben und einer ein- bis sechsstelligen Zahl.

Wissenswertes über Portugal

Fläche: 91 985 qkm
Einwohner: 10,4 Mio.
Bevölkerungsdichte: 112 Einwohner pro qkm

Staatsform: Republik
Währung: Euro
Amtssprache: Portugiesisch
Zeit: MEZ -1 Stunde
Religion: 97 % Katholiken
Nationalfeiertage: 10. Juni und 5. Oktober
Hauptstadt: Lisboa (Lissabon)
Die größten Städte: Groß-Lissabon (2 600 000 Ew.), Porto (353 000 Ew.)
Längster Fluss: Douro, 895 km, portugiesischer Anteil 320 km
Höchster Berg: Malhão da Estrela, 1991 m

Promillegrenze: 0,5

Höchstgeschwindigkeiten in Portugal

	innerhalb v. Ortschaften	außerhalb v. Ortschaften	Schnellstraßen	Autobahnen
Pkw	50 km/h	90 km/h	–	120 km/h
Pkw mit Anhänger	50 km/h	70/80 km/h	–	100 km/h
Motorrad	50 km/h	90 km/h	–	120 km/h

Mitte 2000 hat Polen ein neues Kennzeichensystem eingeführt. Die jetzt weißen Kennzeichen mit schwarzer Schrift tragen am linken Rand eine blaue Banderole mit der Landesflagge und dem Nationalkennzeichen PL.

Die polnischen Nummernschilder bestehen aus zwei (Kreisfreie Städte) oder drei (Kreise) Buchstaben, an denen man die Herkunft des Fahrzeuges erkennen kann. Der erste Buchstabe kennzeichnet dabei immer die Provinz, in der das Auto gemeldet ist. Nach einer weiß-silbernen Zulassungplakette folgt ein Buchstabe und eine Zahl. Es gibt auch Kennzeichen, die keinen weiteren Buchstaben vor der Zahl haben.

BAU	*Augustów*
BBI	*Bielsk Podlaski*
BGR	*Grajewo*
BHA	*Hajnówka*
BI	*Białystok-Stadt*
BIA	*Białystok-Kreis*
BKL	*Kolno*
BL	*Łomża-Stadt*
BLM	*Łomża-Kreis*
BMN	*Monki*
BS	*Suwałki-Stadt*
BSE	*Sejny*
BSI	*Siemiatycze*
BSK	*Sokólka*
BSU	*Suwałki-Kreis*
BWM	*Wysokomazowieckie*
BZA	*Zambrów*
CAL	*Aleksandrów Kujawski*
CB	*Bydgoscz-Stadt*
CBR	*Brodnica*
CBY	*Bydgoscz-Kreis*
CCH	*Chełmno*
CG	*Grudiądz-Stadt*
CGD	*Golub Dobryzn*
CGR	*Grudiądz-Kreis*
CIN	*Inowrocław*
CLI	*Lipno*
CMG	*Mogilno*
CNA	*Naklo nad Noteca*
CRA	*Radziejów*
CRY	*Rypin*
CSE	*Sępolno*
CSW	*Swiecie*
CT	*Toruń-Stadt (Thorn)*
CTR	*Toruń-Kreis*
CTU	*Tuchola*
CW	*Włoclawek-Stadt*
CWA	*Wąbrzezno*
CWL	*Włoclawek-Kreis*
CZN	*Żnin*
DB	*Wałbrych-Stadt (Waldenburg)*
DBA	*Wałbrych-Kreis*
DBL	*Bolesławiec*
DDZ	*Dżierżoniów*
DGL	*Głogow*
DGR	*Góra*
DJ	*Jelenia Góra-Stadt*
DJA	*Jawor*

DJE	*Jelenia Góra-Kreis*
DKA	*Kamienna Góra*
DKL	*Kłodzko*
DL	*Legnica-Stadt (Liegnitz)*
DLB	*Luban*
DLE	*Legnica-Kreis*
DLU	*Lubin*
DLW	*Lwówek Śląski*
DMI	*Milicz*
DOA	*Oława*
DOL	*Oleśnica*
DPL	*Polkowice*
DSR	*Sroda Śląska*
DST	*Strzelin*
DSW	*Swidnica*
DTR	*Trzebnica*
DW	*Wrocław-Stadt*
DWL	*Wolow*
DWR	*Wrocław-Kreis*
DZA	*Ząbkowice Śląski*
DZG	*Zgorzelec*
DZL	*Złotoryja*
EBE	*Bełchatow*
EKU	*Kutno*
EL	*Łódż-Stadt*
ELA	*Łask*
ELC	*Łowicz*
ELE	*Łęczyca*
ELW	*Łódż-Kreis*
EOP	*Opoczno*
EP	*Piotrków Trybunalski-Stadt*
EPA	*Pabianice*
EPD	*Poddębice*
EPI	*Piotrkow Trybunalski-Kreis*
EPJ	*Pajęczno*
ERA	*Radomsko*
ERW	*Rawa Mazowiecka*
ES	*Skierniewice-Stadt*

ESI *Sieradz*
ESK *Skierniewice-Kreis*
ETM *Tomaszów Mazowiecki*
EWE *Wieruszow*
EWI *Wielun*
EZD *Zduńska Wola*
EZG *Zgierz*
FG *Gorzów-Stadt (Landsberg/ Warthe)*
FGW *Gorzów-Kreis*
FKR *Krośno*
FMI *Międzyrzecz*
FNW *Nowa Sól*
FSD *Strzelecko-Drezdenko*
FSL *Słubice*
FSU *Sulęcin*
FSW *Swiebodzin*
FZ *Zielona Góra-Stadt (Grünberg)*
FZA *Żary*
FZG *Żagan*
FZI *Zielona Góra-Kreis*
GA *Gdynia*
GBY *Bytów*
GCH *Chojnice*
GCZ *Człuchow*
GD *Gdańsk-Stadt (Danzig)*
GDA *Gdańsk-Kreis*
GKA *Kartuzy*
GKS *Kościerzyna*
GKW *Kwidzyn*
GLE *Lębork*
GMB *Malbork*
GND *Nowy Dwór*
GPU *Puck*
GS *Słupsk-Stadt*
GSL *Słupsk-Kreis*
GSP *Sopot*
GST *Starogard*
GTC *Tczew*
GWE *Wejherowo*
KBC *Bochnia*
KBR *Brzesko*
KCH *Chrzanów*
KDA *Dąbrowa Tarnówska*
KGR *Gorlice*
KLI *Limanowa*
KMI *Miechów*
KMY *Myślenice*
KN *Nowy Sącz-Stadt*
KNS *Nowy Sącz-Kreis*
KNT *Nowy Targ*
KOL *Olkusz*
KOS *Oświęcim*
KPR *Proszowice*
KR *Kraków-Stadt (Krakau)*
KRA *Kraków-Kreis (Krakau)*
KSU *Sucha Beskidska*
KT *Tarnów-Stadt*
KTT *Tatry*
KTA *Tarnów-Kreis*
KWA *Wadowice*
KWI *Wieliczka*
LB *Biała Podlaska-Stadt*
LBI *Biała Podlaska-Kreis*
LBL *Biłgoraj*
LC *Chełm-Stadt*
LCH *Chełm-Kreis*
LHR *Hrubiezow*
LJA *Janow Lubelski*
LKR *Kraśnik*
LKS *Krasnystaw*
LLB *Lubartow*
LLE *Łęzna*
LLU *Łukow*
LOP *Opole Lubelski*
LPA *Parczew*
LPU *Puławy*
LRA *Radzyn Podlaski*
LRY *Ryki*
LSW *Swidnik*
LTM *Tonaszow Lubelski*
LU *Lublin-Stadt*
LUB *Lublin-Kreis*
LWL *Włodwana*
LZ *Zamość-Stadt*
LZA *Zamość-Kreis*
NBA *Bartoszyce*

NBR	*Braniewo*
NDZ	*Działdowo*
NE	*Elbląg-Stadt*
NEB	*Elbląg-Kreis*
NEL	*Ełk*
NGI	*Giżycko*
NIL	*Iława*
NKE	*Kętrzyn*
NLI	*Lidzbark Warminski*
NMR	*Mrągowo*
NNI	*Nidzica*
NNM	*Nowe Miasto*
NO	*Olsztyn-Stadt*
NOG	*Olecko-Gołdap*
NOL	*Olsztyn-Kreis*
NOS	*Ostróda*
NPI	*Pisz*
NSZ	*Szczytno*
OB	*Brzeg-Stadt*
OGL	*Głubczyce*
OK	*Kędzierzyn-Kozle*
OKL	*Kluczbork*
OKR	*Krapkowice*
ONA	*Namysłow*
ONY	*Nysa*
OOL	*Olkusz*
OP	*Opole-Stadt*
OPO	*Opole-Kreis*
OPR	*Prudnik*
OST	*Strzelce Opolskie*
PCH	*Chodziez*
PCT	*Czarnkow-Trzcianka*
PGN	*Gniezno*
PGO	*Grodzisk Wielkopolski*
PGS	*Gostyn*
PJA	*Jarocin*
PK	*Kalisz-Stadt*
PKA	*Kalisz-Kreis*
PKE	*Kępno*
PKL	*Kolo*
PKN	*Konin-Kreis*
PKO	*Konin-Stadt*
PKR	*Krotoszyn*
PKS	*Kościan*
PL	*Leszno-Stadt*
PLE	*Leszno-Kreis*
PMI	*Międzychod*
PNT	*Nowy Tomysl*
PO	*Poznań-Stadt (Posen)*
POB	*Oborniki*
POS	*Ostrow Wielkopolski*
POT	*Ostrzezow*
POZ	*Poznań-Kreis*
PP	*Piła*
PPL	*Pleszew*
PRA	*Rawicz*
PSE	*Srem*
PSL	*Słupca*
PSR	*Sroda Wielkopolski*
PSZ	*Szamotuly*
PTU	*Turek*
PWA	*Węgrowiec*
PWL	*Wolsztyn*
PWR	*Wrzesnia*
PZL	*Złotow*
RBI	*Bieszczady*
RBR	*Brzozow*
RDE	*Dębica*
RJA	*Jarosław*
RJS	*Jaslo*
RK	*Krosno-Stadt*
RKL	*Kolbuszowa*
RKR	*Krosno-Kreis*
RLA	*Łancut*
RLE	*Leżajsk*
RLU	*Lubaczow*
RMI	*Mielec*
RNI	*Nisko*
RP	*Przemysl-Stadt*
RPR	*Przemysl-Kreis*
RPZ	*Przeworsk*
RRS	*Ropczce-Sędziszow*
RSA	*Sanok*
RSR	*Strzyżow*
RST	*Stalowa-Wola*
RT	*Tarnobrzeg-Stadt*
RTA	*Tarnobrzeg-Kreis*
RZ	*Rzeszów-Stadt*

RZE	*Rzeszów-Kreis*
SB	*Bielsko-Biała-Stadt*
SBE	*Będzin*
SBI	*Bielsko-Biała-Kreis*
SC	*Częstochowa-Stadt*
SCI	*Cieszyn*
SCZ	*Częstochowa-Kreis*
SD	*Dąbrowa Górnicza*
SG	*Gliwice-Stadt*
SGL	*Gliwice-Kreis*
SH	*Chorzów*
SI	*Siemianowice Śląskie*
SJ	*Jaworzno*
SJZ	*Jastrzębie Zdrój*
SK	*Katowice*
SKL	*Kłobuck*
SLU	*Lubliniec*
SM	*Mysłowice*
SMI	*Mikołow*
SMY	*Myszkow*
SO	*Sosnowiec*
SPI	*Piekary Śląskie*
SPS	*Pszczyna (Pless)*
SR	*Rybnik-Stadt*
SRB	*Rybnik-Kreis*
SRC	*Raciborz*
SRS	*Ruda Śląskie*
ST	*Tychy-Stadt*
STA	*Tarnowskie Góry*
STY	*Tychy-Kreis*
SW	*Świętochołowice*
SWD	*Wodzisław*
SY	*Bytom*
SZ	*Zabrze*
SZA	*Zawiercie*
SZO	*Żory*
SZY	*Żywiec*
TBU	*Busko Zdroj*
TJE	*Jędrzejow*
TK	*Kielce-Stadt*
TKA	*Kaziminierza Wielka*
TKI	*Kielce-Kreis*
TKN	*Konskie*
TLW	*Wloszczowa*
TOP	*Opatow*
TOS	*Ostrowiec Swietokrzyski*
TPI	*Pińczow*
TSA	*Sandomierz*
TSK	*Skarżysko-Kamienna*
TST	*Starachwice*
TSZ	*Staszow*
WA	*Warszawa (Warschau)*
WRA	*Radom-Kreis*
WB	*Warszawa (Warschau)*
WBR	*Białobrzegi*
WCI	*Ciechanow*
WD	*Warszawa (Warschau)*
WE	*Warszawa (Warschau)*
WF	*Warszawa (Warschau)*
WG	*Garwolin*
WGM	*Grodzisk Mazowiecki*
WGR	*Grójec*
WGS	*Gostynin*
WH	*Warszawa (Warschau)*
WI	*Warszawa (Warschau)*
WJ	*Warszawa (Warschau)*
WK	*Warszawa (Warschau)*
WKZ	*Kozienice*
WL	*Legionowo*
WLI	*Lipsko*
WLS	*Łosice*
WM	*Mińsk Mazowiecki*
WMA	*Makow Mazowiecki*
WML	*Mława*
WN	*Warszawa (Warschau)*
WND	*Nowy Dwor*
WO	*Ostrołęka-Stadt*
WOR	*Ostrow Mazowiecki*
WOS	*Ostrołęka-Kreis*
WOT	*Otwock*
WP	*Płock-Stadt*
WPI	*Piaseczno*
WPL	*Płock-Kreis*
WPN	*Płonsk*
WPR	*Pruszkow*
WPU	*Pułtusk*
WPY	*Przysucha*
WPZ	*Przasnysz*

WR *Radom-Stadt*
WS *Siedlce-Stadt*
WSC *Sochaczew*
WSE *Sierpc*
WSI *Siedlce-Kreis*
WSK *Sokołow Podlaski*
WSZ *Szydlowiec*
WT *Warszawa (Warschau)*
WU *Warszawa (Warschau)*
WW *Warszawa (Warschau)*
WWE *Węgrow*
WWL *Wołomin*
WWY *Wyszkow*
WX *Warszawa (Warschau)*
WY *Warszawa (Warschau)*
WZ *Warszawa (Warschau)*
WZU *Żuromin*
WZW *Zwilen*
WZY *Żyrardow*
ZBI *Białogard*
ZCH *Choszczno*
ZDR *Drawsko*
ZGL *Goleniow*
ZGR *Gryfino*
ZGY *Gryfice*
ZK *Koszalin-Stadt*
ZKA *Kamien*
ZKL *Kołobrzeg*
ZKO *Koszalin-Kreis*
ZMY *Myśliborz*
ZPL *Police*
ZPY *Pyrzyce*
ZS *Szczecin (Stettin)*
ZSD *Swidwin*
ZSL *Sławno*
ZST *Stargard Szczecinski*
ZSW *Swinoujście*
ZSZ *Szczecinek*
ZWA *Wałcz*

Wissenswertes über Polen

Fläche: 312 685 qkm
Einwohner: 38,6 Mio.
Bevölkerungsdichte: 123 Einwohner pro qkm
Staatsform: Republik
Währung: 1 Zloty = 100 Groszy
Amtssprache: Polnisch
Religion: 90 % Katholiken
Zeit: MEZ
Nationalfeiertage: 3. Mai und 11. November
Hauptstadt: Warszawa (Warschau)
Die größten Städte: Warszawa (1 700 000 Ew.), Łódz (Lodz, 768 000 Ew.), Kraków (Krakau, 755 000 Ew.)
Längster Fluss: Weichsel, 1047 km
Höchster Berg: Rysy, 2499 m
Promillegrenze: 0,2

Höchstgeschwindigkeiten in Polen

	innerhalb v. Ortschaften	außerhalb v. Ortschaften	Schnellstraßen	Autobahnen
Pkw	60 km/h	90 km/h	–	130 km/h
Pkw mit Anhänger	60 km/h	80 km/h	–	80 km/h
Motorr.	60 km/h	90 km/h	–	130 km/h

Die rumänischen Kennzeichen tragen schwarze Aufschrift auf weißem Grund. Am linken Schilderrand befindet sich ein blauer Streifen (mit Flagge und Kennzeichen RO). Die Buchstaben, an denen man die Herkunft des Fahrzeuges ermitteln kann, stehen an erster Stelle. Daneben steht eine Kombination aus Zahlen und Buchstaben.

Die Kennbuchstaben sind aus der Bezeichnung des Kreises abgeleitet. Wo der Name des Kreises nicht mit der Kreishauptstadt identisch ist, ist in der Liste die Hauptstadt in Klammern angegeben.

AB *Alba (Alba-Iulia)*
AG *Argeş (Piteşti)*
AR *Arad*
B *Stadt Bukarest*
BC *Bacău*
BH *Bihor (Oradea)*
BN *Bistrita-Năsăud (Bistrita)*
BR *Brăila*
BT *Botoşani*
BV *Braşov (Kronstadt)*
BZ *Buzău*
CJ *Cluj (Cluj-Napoka/ Klausenburg)*
CL *Călăraşi*
CS *Caraş-Severin (Reşiţa)*
CT *Constanţa*
CV *Covasna (Sfăntu-Gheorghe)*
DB *Dîmboviţa (Tîrgovişte)*
DJ *Dolj (Craiova)*
GJ *Gorj (Tîrgu-Jiu)*
GL *Galaţi*
GR *Giurgiu*
HD *Hunedoara (Deva)*
HR *Harghita (Miercurea-Ciuc)*
IL *Ialomiţa (Slobozia)*
IS *Iaşi*
MH *Mehedinţi (Drobeta-Turnu-Severin)*
MM *Maramureş (Baia-Mare)*
MS *Mureş (Tîrgu-Mureş/ Neumarkt)*

Höchstgeschwindigkeiten in Rumänien

	innerhalb v. Ortschaften	außerhalb v. Ortschaften	Schnell-straßen	Autobahnen
Pkw	50 km/h	90 km/h	–	120 km/h
Pkw mit Anhänger	50 km/h	70/80/90 km/h	–	–
Motorrad	50 km/h	80 km/h	–	100 km/h

NT Neamţ (Piatra-Neamţ)
OT Olt (Slatina)
PH Prahova (Ploieşti)
SB Sibiu (Hermannstadt)
SJ Sălaj (Zalău)
SM Satu-Mare
SV Suceava
TL Tulcea
TM Timiş (Timişoara)
TR Teleorman (Alexandria)
VL Vîlcea (Rîmnicu-Vîlcea)
VN Vrancea (Focşani)
VS Vaslui

Wissenswertes über Rumänien

Fläche: 237 500 qkm
Einwohner: 21,6 Mio.
Bevölkerungsdichte: 91 Einwohner pro qkm

Staatsform: Republik
Währung: 1 Leu = 100 Bani
Amtssprache: Rumänisch
Gesprochene Sprachen: Rumänisch, Ungarisch, Deutsch, Serbisch, Ukrainisch, Aromunisch, Jiddisch
Religion: 87 % Rumänisch-Orthodoxe, 5 % Katholiken, 5 % Protestanten, 1 % Griechisch-Orthodoxe, 0,2 % Muslime
Zeit: MEZ + 1 Stunde
Nationalfeiertag: 1. Dezember

Hauptstadt: Bucuresti (Bukarest)
Die größten Städte: Bucuresti (2 200 000 Ew.), Iaşi (318 000 Ew.), Timişoara (Temeschburg, 315 000 Ew.), Constanta (Konstanza, 303 000 Ew.), Braşov (Kronstadt, 276 000 Ew.)
Längster Fluss: Donau, 1075 km rumänischer Anteil, Gesamtlänge 2858 m
Höchster Berg: Moldoveanu, 2543 m
Promillegrenze: absolutes Alkoholverbot

Die Autokennzeichen von San Marino sind weiß und haben eine blaue Aufschrift. Links steht das Staatswappen (drei weiße Türme auf blauem Grund). Es folgt eine Buchstaben-Zahlen-Kombination.

Wissenswertes über San Marino

Fläche: 60,6 qkm
Einwohner: ca. 30 000
Bevölkerungsdichte: 470 Einwohner pro qkm

Staatsform: Republik
Währung: Euro
Amtssprache: Italienisch
Gesprochene Sprachen: Italienisch, Romagnol
Religion: 93 % Katholiken
Zeit: MEZ
Nationalfeiertag: 3. September

Hauptstadt: San Marino Città
Die größten Städte: Serravalle (9200 Ew.), San Marino Città (4200 Ew.)
Längster Fluss: Ausa, 8 km sanmarinischer Anteil, Gesamtlänge 21 km
Höchster Berg: Monte Titano, 756 m

Promillegrenze: 0,8

Höchstgeschwindigkeiten in San Marino

	innerhalb v. Ortschaften	außerhalb v. Ortschaften	Schnellstraßen	Autobahnen
Pkw	50 km/h	90 km/h	110 km/h	130 km/h
Pkw mit Anhänger	50 km/h	80 km/h	80 km/h	80 km/h
Motorrad	50 km/h	90 km/h	110 km/h	130 km/h

Die russischen Autokennzeichen sind weiß und haben schwarze Beschriftung. Sie besitzen eine Buchstaben- und Zahlenkombination, die jedoch nichts über die Herkunft des Fahrzeuges aussagt. Am rechten Schilderrand ist ein Feld abgetrennt. Dort ist das Nationalitätszeichen von Russland RUS und die Fahne mit den Farben Weiß-Blau-Rot zu sehen. Darüber steht eine Zahl, an der man erkennen kann, woher das Auto kommt. Sie gibt den Distrikt an, in dem das Automobil gemeldet ist.

Fahrzeuge von ranghohen Beamten sind gesondert gekennzeichnet. Bei ihnen steht anstatt des Regionalcodes nur eine große russische Flagge. Die Buchstaben-Zahlen-Kombination gibt über die Stellung der Person Auskunft (Präsident, Regierungsmitglied, Mitglied der Duma, Geheimdienst, usw.).

Der Buchstabe hinter den Namen verweist auf die Karte West (S. 106) oder Karte Ost (S. 107).

01 Republik Adygea; W
02 Republik Baschkortostan; W
03 Republik Burjatien; O
04 Republik Altaj; W
05 Republik Dagestan; W
06 Republik Inguschetien; W
07 Republik Kabardino-Balkarien; W
08 Republik Kalmykien; W
09 Karatchaewo-Tscherkesk; W

10 Republik Karelien; W
11 Republik Komi; W
12 Republik Mari-El; W
13 Republik Mordowien; W
14 Republik Sacha (Jakutien); O
15 Republik Nordosetien; W
16 Republik Tatarstan; W
17 Republik Tywa; O
18 Republik Udmurtien; W
19 Republik Chakasien; W

20 Republik Tschetschenien; W
21 Republik Tschuwaschien; W
22 Region Altai; W
23 Region Krasnodar; W
24 Region Krasnojarsk; W/O
25 Region Primorsk; W
26 Region Stawropol; W
27 Region Chabarowsk; O
28 Gebiet Amur; W
29 Gebiet Archangelsk; W

30 Gebiet Astrachan; W
31 Gebiet Belgorod; W
32 Gebiet Brjansk; W
33 Gebiet Wladimir; W
34 Gebiet Wolgograd; W
35 Gebiet Wologda; W
36 Gebiet Woronesch; W
37 Gebiet Iwanowsk; W
38 Gebiet Irkutsk; O
39 Gebiet Kaliningrad (Königsberg); W

40 Gebiet Kaluga; W
41 Gebiet Kamchatka; O
42 Gebiet Kemerowo; W
43 Gebiet Kirow; W
44 Gebiet Kostroma; W
45 Gebiet Kurgan; W
46 Gebiet Kursk; W
47 Gebiet St. Petersburg; W
48 Gebiet Lipetzk; W
49 Gebiet Magadan; O

50 Gebiet Moskau; W
51 Gebiet Murmansk; W
52 Gebiet Nishegorod; W
53 Gebiet Nowgorod; W
54 Gebiet Nowosibirsk; W
55 Gebiet Omsk; W
56 Gebiet Orenburg; W
57 Gebiet Orlow; W
58 Gebiet Pensa; W
59 Gebiet Perm; W

60 Gebiet Pskow; W
61 Gebiet Rostow; W
62 Gebiet Rjazan; W
63 Gebiet Samara; W
64 Gebiet Saratov; W
65 Gebiet Sachalin; O
66 Gebiet Swerdlowsk; W
67 Gebiet Smolensk; W
68 Gebiet Tambovsk; W
69 Gebiet Twerj; W

70 Gebiet Tomsk; W
71 Gebiet Tula; W
72 Gebiet Tjumen; W
73 Gebiet Uljanowsk; W
74 Gebiet Tscheljabinsk; W
75 Gebiet Tschitinsk; O
76 Gebiet Jaroslawl; W

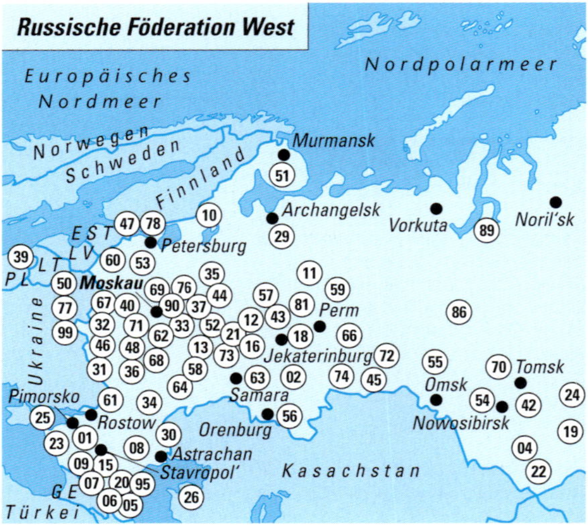

77 Stadt Moskau; W
78 Stadt St. Petersburg; W
79 Jüdische autonome Republik; O

80 Aginischer Burjatischer Autonomer Kreis; O
81 Komi-Permatskischer Autonomer Kreis; W
82 Korjakskischer Autonomer Kreis; O
83 Nenezkischer Autonomer Kreis; O
84 Taimyrskischer Autonomer Kreis; O
85 Ustj-Ordinischer Burjatischer Autonomer Kreis; O
86 Chanty-Mansijskij Autonomer Kreis; W
87 Tschukotskischer Autonomer Kreis; O
88 Ewenkiskischer Autonomer Kreis; O
89 Jamalo-Nenezkischer Autonomer Kreis; W
90 Gebiet Moskau
94 Gebiete außerhalb Russlands
95 Republik Tschetschenien
97 Stadt Moskau
99 Stadt Moskau; W

Wissenswertes über die Russische Föderation

Fläche: 17 075 400 qkm
Einwohner: 144 Mio.
Bevölkerungsdichte: 9 Einwohner pro qkm

Staatsform: Föderale Präsidialrepublik
Währung: 1 Rubel = 100 Kopeken
Amtssprache: Russisch
Gesprochene Sprachen: Russisch, Tatarisch, Ukrainisch, Tschuwaschisch und über 100 weitere Minderheitensprachen
Religion: 60 % Russisch-Orthodoxe, 12 % Muslime, 25 % konfessionslos
Zeit: Moskauer Zeit (MEZ + 2 Stunden)
Nationalfeiertage: 9. Mai, 12. Juni, 22. August, 4. November und 12. Dezember

Hauptstadt: Moskva (Moskau)
Die größten Städte:
Moskva (10 375 000 Ew.),
St. Petersburg (4 180 000 Ew.),
Nowosibirsk (1 440 000 Ew.),
Nishni Nowgorod (1 312 000 Ew.),
Jekaterinburg (1 305 000 Ew.)
Längster Fluss (europäischer Teil): Wolga, 3530 km
Höchster Berg (europäischer Teil): Elbrus, 5642 m
Größter See (europäischer Teil): Ladogasee, 17 700 qkm

Promillegrenze: absolutes Alkoholverbot
Bekannte Automarken:
GAZ, Lada, Moskwitsch, UAZ, ZAZ

Höchstgeschwindigkeiten in Russland

	innerhalb v. Ortschaften	außerhalb v. Ortschaften	Schnellstraßen	Autobahnen
Pkw	60 km/h	90 km/h	–	110 km/h
Pkw mit Anhänger	50 km/h	90 km/h	–	80 km/h
Motorrad	50 km/h	90 km/h	–	–

Schweden

Die schwedischen Kennzeichen sind schwarz auf weiß und haben am linken Schilderrand die blaue Europabanderole. Sie bestehen aus drei Buchstaben und drei Ziffern. Schwedische Fahrzeuge fallen durch ihre farbige TÜV-Plakette zwischen den Buchstaben und den Zahlen auf.

Es besteht auch die Möglichkeit eines Wunschkennzeichens nur aus Buchstaben. Die TÜV-Plakette wird dann am Ende angebracht.

Wissenswertes über Schweden

Fläche: 449 964 qkm
Einwohner: 9 Mio.
Bevölkerungsdichte: 20 Einwohner pro qkm
Staatsform: parlamentarische Monarchie (Königreich)
Währung: 1 Schwedische Krone = 100 Öre
Amtssprache: Schwedisch
Gesprochene Sprachen: Schwedisch, Finnisch, Lappisch
Religion: 75 % Protestanten
Zeit: MEZ
Nationalfeiertage: 30. April und 6. Juni

Hauptstadt: Stockholm
Die größten Städte:
Stockholm (1 253 000 Ew.),
Göteborg (515 000 Ew.),
Malmö (260 000 Ew.),
Uppsala (127 000 Ew.),
Västerås (107 000 Ew.)
Längster Fluss: Torneälven, 570 km
Höchster Berg: Kebnekaise, 2111 m
Größter See: Vänersee, 5584 qkm

Promillegrenze: 0,2
Bekannte Automarken: Saab, Volvo

Höchstgeschwindigkeiten in Schweden

	innerhalb v. Ortschaften	außerhalb v. Ortschaften	Schnellstraßen	Autobahnen
Pkw	50 km/h	70/90 km/h	90/110 km/h	110 km/h
Pkw mit Anhänger	50 km/h	80 km/h	80 km/h	50/80 km/h
Motorrad	50 km/h	70/90 km/h	90/110 km/h	110 km/h

Die serbisch-montenegrinischen Autokennzeichen erkennt man an der kleinen Nationalflagge in den Farben blau-weiß-rot, die die Kennbuchstaben von der vier- bis sechsstelligen Zahlenkombination trennt. Bei älteren Fahrzeugen ist anstelle der Fahne ein kleiner roter Stern. Das Schild ist weiß, die Aufschrift schwarz. Die Zahlenkombination ist durch einen kleinen Bindestrich in zwei Gruppen geteilt. Die beiden Kennbuchstaben sind eine Abkürzung für das Gebiet, in dem das Fahrzeug angemeldet ist.

Für Anhänger ist die Reihenfolge der Aufschrift umgekehrt: erst kommt die sechsstellige Zahl, danach die Flagge bzw. der Stern mit der Buchstabenkennung.

AR Arendelovac

BA Berane
BD Budva
BG Belgrad
BO Bor
BP Bijelo Polje
BR Bar

ČA Čaček
CT Cetinje

DJ Djakovica

GL Gnjilane
GM Gornji Milanovac

HN Herceg Novl

JA Jagodina

KG Kragujevac
KI Kikinda
KM Kosovska Mitrovica
KO Kotor

Höchstgeschwindigkeiten in Serbien und Montenegro

	innerhalb v. Ortschaften	außerhalb v. Ortschaften	Schnell-straßen	Autobahnen
Pkw	60 km/h	80 km/h	100 km/h	120 km/h
Pkw mit Anhänger	60 km/h	80 km/h	80 km/h	80 km/h
Motorrad	60 km/h	80 km/h	100 km/h	120 km/h

KS *Kruševac*
KV *Kraljevo*

LE *Leskovac*
LO *Loznica*

NI *Niš*
NK *Nikšić*
NP *Novi Pazar*
NS *Novi Sad*

PA *Pančevo*
PB *Priboj*
PE *Peć*
PG *Podgorica*
PI *Pirot*
PJ *Podujevo*
PK *Prokuplje*
PN *Paraćin*
PO *Požarevac*
PR *Priština*
PV *Pljevlja*

PZ *Prizren*

RU *Ruma*

ŠA *Šabac*
SD *Smederevo*
SM *Sremska Mitrovica*
SO *Sombor*
SU *Subotica*
SV *Svetozarevo*

TG *Titograd*
TH *Titovo Mitrovica (Kosovska Mitrovica)*
TS *Trstenik*
TU *Tituvo Užice*

UE *Užice*
UL *Ulcinj*
UR *Urosevac*

VA *Valjevo*
VR *Vranje*
VS *Vrbas*
VŠ *Vršac*

ZA *Zaječar*
ZR *Zrenjanin*

Wissenswertes über Serbien und Montenegro

Fläche: *102 173 qkm*
Einwohner: *10,3 Mio.*
Bevölkerungsdichte: *104 Einwohner pro qkm*

Staatsform: *Staatenunion*
Währung: *Neuer Dinar*
Amtssprache: *Serbisch, Montenegrinisch*
Gesprochene Sprachen: *Serbisch, Albanisch, Montenegrinisch, Ungarisch*
Religion: *65 % Serbisch-Orthodoxe, 4 % Katholiken, 19 % Muslime, protestantische und jüdische Minderheiten*
Zeit: *MEZ*
Nationalfeiertage: *29. und 30. November*

Hauptstadt: *Beograd (Belgrad)*
Die größten Städte: *Beograd (1 560 000 Ew.), Priština (210 000 Ew.), Novi Sad (192 000 Ew.), Niš (175 000 Ew.), Kragujevac (147 000 Ew.)*
Längster Fluss: *Donau, 591 km serbisch-montenegrinischer Anteil, Gesamtlänge 2858 km*
Höchster Berg: *Daravica, 2656 m*
Größter See: *Skutarisee, 220 qkm Anteil, Gesamtfläche 370 qkm*

Promillegrenze: *0,5*
Bekannte Automarke: *Zastava*

Die Kennzeichen haben eine schwarze Aufschrift auf weißem Grund. Seit dem Beitritt zur EU werden sie mit blauem Band, Sternenkreis und Nationalkennzeichen herausgegeben. Es folgt der Herkunftsbezirk, dahinter eine fünfstellige Zahlen-Buchstaben-Kombination.

BA	*Bratislava (Stadt)*
BB	*Banská Bystrica*
BC	*Banská Bystrica*
BH	*Bratislava (Region)*
BJ	*Bardejov*
BL	*Bratislava (Stadt)*
BN	*Bánovce nad Bebravou*
BR	*Brezno*
BS	*Banská Štiavnica*
BT	*Bratislava (Region)*
BY	*Bytča*
CA	*Čadca*
DK	*Dolný Kubin*
DS	*Dunajská Streda*
DT	*Detva*
GA	*Galanta*
GL	*Gelnica*
HC	*Hlohovec*
HE	*Humenné*
IL	*Ilava*
KA	*Krupina*
KE	*Košice*
KI	*Košice*
KK	*Keûmarok*
KM	*Kysucké Nové Město*
KO	*Komárno*
KS	*Košice okolie*
LC	*Lučenec*
LE	*Levoča*
LM	*Liptorský Mikoláë*
LV	*Levice*
MA	*Malacky*
MI	*Michalovce*
ML	*Medzilaborce*
MT	*Martin*
MY	*Myjava*
NI	*Nitra*
NM	*Nové Město nad Váhom*
NO	*Námestovo*
NR	*Nitra*
NZ	*Nové Zámky*
PB	*Povaûská Bystrica*

Höchstgeschwindigkeiten in der Slowakei

	innerhalb v. Ortschaften	außerhalb v. Ortschaften	Schnell-straßen	Autobahnen
Pkw	60 km/h	90 km/h	–	130 km/h
Pkw mit Anhänger	60 km/h	80 km/h	–	80 km/h
Motorrad	60 km/h	90 km/h	–	90 km/h

PD Prievidza
PE Partizánske
PK Pezinok
PN Piešt'any
PO Prešov
PP Poprad
PT Poltár
PU Púchov
PV Prešov
RA Revúca
RK Ruûomberok
RS Rimaská Sobota
RV Rožňava
SA Šal'a
SB Sabinov
SC Senec
SE Senica
SI Skalica
SK Svidnik
SL Stará L'ubovňa
SN Spišská Nová Ves
SO Sobrance
SP Stropkov
SV Snina
TA Turčinaske teplice
TC Trenčin
TN Trenčin
TO Topol'čany
TR Turčianske teplice
TS Tvrdošín
TT Trnava
TV Trebišov
VK Vel'ký Krtíš
VT Vranov nad Topl'ou
VV Vranov
ZA Žilina
ZC Žarnovica
ZH Žiar nad Hronom
ZI Žilina
ZM Zlaté Moravce
ZV Zvolen

Wissenswertes über die Slowakei

Fläche: 49 035 qkm
Einwohner: 5,4 Mio.
Bevölkerungsdichte: 110 Einwohner pro qkm
Staatsform: Republik
Währung: Slowakische Krone
Amtssprache: Slowakisch
Hauptstadt: Bratislava
Die größten Städte: Bratislava (430 000 Ew.), Košice (236 000 Ew.)
Promillegrenze: Alkoholverbot

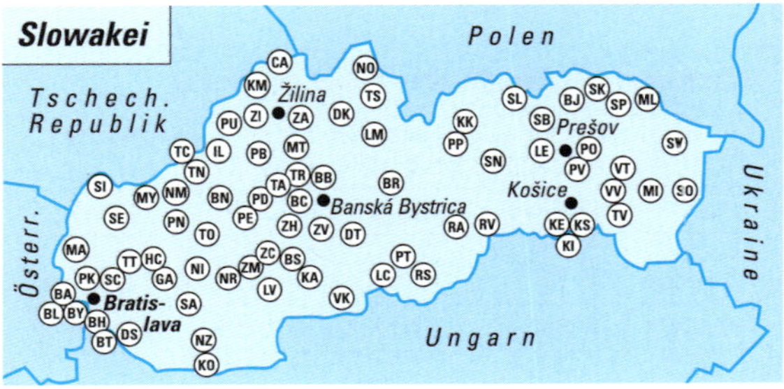

Die slowenischen Autonummern sind weiß, ihre Aufschrift ist schwarz. Seit 2004 werden Kennzeichen nach dem europäischen Standard ausgegeben. Ältere Schilder sind mit einem grünen Streifen umrandet.

CE	*Celje (Cilli)*
GO	*Nova Gorica*
KK	*Krško*
KP	*Koper*
KR	*Kranj*
LJ	*Ljubljana (Laibach)*
MB	*Maribor (Marburg a. d. Drau)*
MS	*Murska Sobota*
NM	*Novo Mesto*
PO	*Postojna (Adelsberg)*
SG	*Slovenj Gradec*

Amtliche Kennzeichen:

P	*Polizei*
SV	*Slovenska Vojska (Armee)*
TO	*Armee*

Höchstgeschwindigkeiten in Slowenien

	innerhalb v. Ortschaften	außerhalb v. Ortschaften	Schnell-straßen	Autobahnen
Pkw	60 km/h	70 km/h	100 km/h	130 km/h
Pkw mit Anhänger	60 km/h	80 km/h	80 km/h	80 km/h
Motorrad	60 km/h	70 km/h	100 km/h	130 km/h

Wissenswertes über Slowenien

Fläche: *20 256 qkm*
Einwohner: *2,0 Mio.*
Bevölkerungsdichte: *99 Einwohner pro qkm*

Staatsform: *Republik*
Währung: *1 Slowenischer Tolar = 100 Stotin*
Amtssprache: *Slowenisch*
Gesprochene Sprachen: *Slowenisch, Serbokroatisch*
Religion: *58 % Katholiken, 2,3 % Muslime, orthodoxe und jüdische Minderheiten*
Zeit: *MEZ*
Nationalfeiertag: *25. Juni*

Hauptstadt: *Ljubljana*
Die größten Städte: *Ljubljana (320 000 Ew.), Maribor (111 000 Ew.), Celje (43 000 Ew.), Kranj (39 000 Ew.), Velenje (29 000 Ew.)*
Längster Fluss: *Save, 221 km slowenischer Anteil, Gesamtlänge 945 km*
Höchster Berg: *Triglav, 2864 m*

Promillegrenze: *0,5*

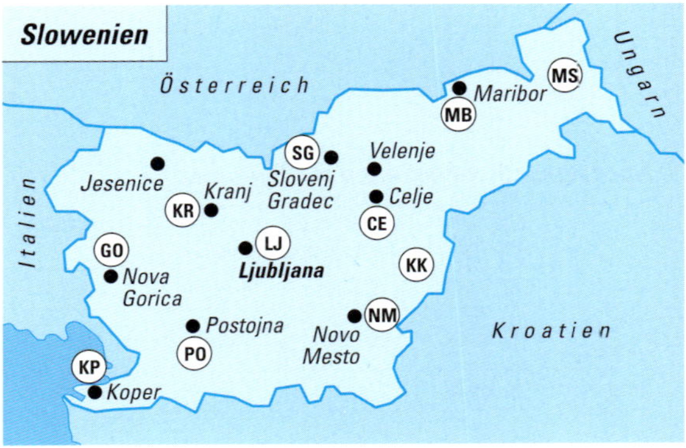

Jeder weiß, dass in Rom der kleinste Staat der Welt beheimatet ist, und denkt dabei an den Vatikan. In Wirklichkeit aber ist es ein kleiner Palast in der Via Condotti Nr. 68, unweit der berühmten Spanischen Treppe. Dort residiert der Souveräne Militär-Orden von Malta. Er besitzt exterritoriale souveräne Rechte, gehört also nicht zum italienischen Staat.

Der Orden wurde im Jahre 1113 in Jerusalem als Ritterorden gegründet und kümmerte sich um die Pilger im Heiligen Land. Vor dem Ansturm der Muslime zogen sie sich auf die Insel Rhodos zurück. Aber auch diese Insel fiel 1522 nach einem heldenhaften Verteidigungskampf in die Hände der Türken. Kaiser Karl V. schenkte dem Orden daraufhin die Insel Malta. Bis auf den heutigen Tag heißt der Orden Malteserorden, obwohl auch die Insel Malta nicht mehr zu seinem Territorium gehört. Nach wie vor widmen sich die Malteser humanitären Zielen in aller Welt.

Dieser kleine Staat mit eigenem Pass- und Münzwesen hat auch ein eigenes Nummernsystem. Die Autos des Malteserordens – es sind weniger als 100 Fahrzeuge – tragen ein Schild mit den Buchstaben S. M. O. M., gefolgt von einer Nummer. Die Abkürzung steht für: Sovrano Militare Ordine di Malta, stimmt aber auch für die englische Bezeichnung Sovereign Military Order of Malta.

Die türkischen Autokennzeichen besitzen seit einiger Zeit einen blauen Streifen am linken Schilderrand mit dem Nationalkennzeichen TR. Bei den älteren Schildern fehlt dieser Streifen. Ansonsten hat sich der Aufbau der Schilder nicht geändert. Er beginnt mit einer zweistelligen Zahl. Danach kommt eine fünfstellige Buchstaben-Zahlen-Kombination. Anhand der beiden ersten Ziffern des Nummernschildes kann man feststellen, aus welchem Teil der Türkei das Fahrzeug kommt. Dienstfahrzeuge haben bei gleicher Anordnung der Zahlen und Buchstaben andersfarbige Schilder (schwarz, grün, rot).

Der Buchstabe hinter den Ortsnamen verweist auf die Karte West (S. 120) oder Karte Ost (S. 121).

01 Adana; W
02 Adiyaman; O
03 Afyon; W
04 Ağri; O
05 Amasya; O
06 Ankara; W
07 Antalya; W
08 Artvin; O
09 Aydin; W

10 Balikesir; W
11 Bilecik; W
12 Bingöl; O
13 Bitlis; O
14 Bolu; W
15 Burdur; W
16 Bursa; W
17 Çanakkale; W
18 Çankiri; W
19 Çorum; W

20 Denizli; W
21 Diyarbakir; O
22 Edirne; W
23 Elaziğ; O
24 Erzincan; O
25 Erzurum; O
26 Eskişehir; W
27 Gaziantep; O
28 Giresun; O
29 Gümüşhane; O

30 Hakkari; O
31 Hatay (Atakya); O
32 Isparta; W
33 İçel (Merşin); W
34 İstanbul; W
35 İzmir; W
36 Kars; O
37 Kastamonu; W
38 Kayseri; W/O
39 Kirklareli; W
40 Kirşehir; W
41 Kocaeli (İzmit); W
42 Konya; W
43 Kütahya; W
44 Malatya; O
45 Manisa; W
46 Kahraman Maraş; O
47 Mardin; O
48 Muğla; W
49 Mus; O

50 Nevşehir; W
51 Niğde; W
52 Ordu; O
53 Rize; O
54 Sakarya (Adapazari); W
55 Samsun; O
56 Siirt; O

Höchstgeschwindigkeiten in der Türkei

	innerhalb v. Ortschaften	außerhalb v. Ortschaften	Schnell-straßen	Autobahnen
Pkw	50 km/h	90 km/h	–	130 km/h
Pkw mit Anhänger	50 km/h	80 km/h	–	130 km/h
Motorrad	50 km/h	90 km/h	–	130 km/h
Wohnmob.	30 km/h	80 km/h	–	130 km/h

57 *Sinop; W*
58 *Sivas; O*
59 *Tekirdağ; W*
60 *Tokat; O*
61 *Trabzon; O*
62 *Tunceli; O*
63 *Sanliurfa; O*
64 *Úşak; W*
65 *Van; O*
66 *Yozgat; W*
67 *Zonguldak; W*
68 *Aksaray; W*
69 *Bayburt; O*
70 *Karaman; W*
71 *Kirikkale; W*
72 *Batman; O*
73 *Şirnak; O*
74 *Bartin; W*
75 *Ardahan; O*
76 *Iğdir; O*
77 *Yalova; W*
78 *Karabük; W*
79 *Kilis; O*

80 *Osmaniye; O*

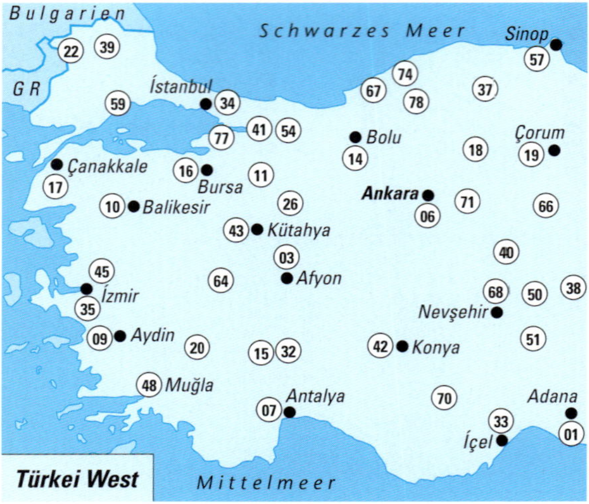

Wissenswertes über die Türkei

Fläche: *779 452 qkm*
Einwohner: *70,15 Mio.*
Bevölkerungsdichte: *88 Einwohner pro qkm*

Staatsform: *Republik*
Währung: *1 Yeni Türk Lirası= 100 Kurus*
Amtssprache: *Türkisch*
Gesprochene Sprachen: *Türkisch, Kurdisch, Arabisch, Griechisch, Armenisch*
Religion: *99 % Muslime, 0,4 % Christen*
Zeit: *Osteuropäische Zeit (MEZ + 1 Stunde)*
Nationalfeiertag: *29. Oktober*

Hauptstadt: *Ankara*
Die größten Städte: *İstanbul (9 800 000 Ew.), Ankara (3 500 000 Ew.), İzmir (2 500 000 Ew.), Adana (1 200 000 Ew.), Bursa (1 100 000 Ew.)*
Längster Fluss: *Kizilirmak, 1355 km*
Höchster Berg: *Ararat, 5165 m*
Größter See: *Vansee, 3760 qkm*

Promillegrenze: *Pkw-Fahrer ohne Anhänger: 0,5; alle anderen: absolutes Alkoholverbot*
Bekannte Automarke: *Murat*

Die ukrainischen Kennzeichen kann man gut an der Nationalflagge in den Farben blau-gelb erkennen. Sie befindet sich in der linken oberen Ecke des Schildes. Darunter steht eine kleine zweistellige Zahl. Diese Nummer ist für die Identifikation der Herkunft des Fahrzeuges ausschlaggebend, denn sie gibt das Gebiet an, in dem das Kraftfahrzeug gemeldet ist. Das Kennzeichen selbst besteht aus fünf Ziffern, die nach der dritten Zahl durch einen Bindestrich getrennt sind. Es folgt eine zweistellige Buchstabenkombination, die ebenfalls Rückschlüsse auf die Herkunftsregion zulässt. Es werden hier ausschließlich Buchstaben verwendet, die sowohl im lateinischen als auch im kyrillischen Alphabet vorkommen. Insgesamt ist das Kennzeichen weiß, seine Aufschrift schwarz.

01	*Autonome Republik Krym (Krim)*
02	*Gebiet Vynnyza*
03	*Gebiet Volyn*
04	*Gebiet Dnipropetrovsk*
05	*Gebiet Donezk*
06	*Gebiet Shytomyr*
07	*Gebiet Sakarpattja*
08	*Gebiet Saporishshja*
09	*Gebiet Ivano-Frankivsk*
10	*Gebiet Kyiv (Kiew)*
11	*Stadt Kyiv (Kiew)*
12	*Gebiet Kirovohrad*
13	*Gebiet Luhansk*
14	*Gebiet Lviv (Lemberg)*
15	*Gebiet Mykolajiv*
16	*Gebiet Odesa (Odessa)*
17	*Gebiet Poltava*
18	*Gebiet Rivne*
19	*Gebiet Sumy*
20	*Gebiet Ternopil*
21	*Gebiet Charkiv*
22	*Gebiet Cherson*
23	*Gebiet Chmelnyzk*
24	*Gebiet Tscherkasy*
25	*Gebiet Tschenihiv*
26	*Gebiet Tschernivzi*
27	*Stadt Sevastopol*

AA–AH	*Dnipropetrovisk (04)*	**ME**	*Tscherkasy (24)*
AM–AX	*Luhansk (13)*	**MH–MM**	*Tschernihiv (25)*
BA–BE	*Shytomyr (06)*	**MO–MP**	*Tschernivzi (26)*
BI	*Vynnyza (02)*	**OA–OB**	*Odesa (Odessa) (06)*
BO–BM	*Volyn (03)*	**OC**	*Kirovohrad (12)*
BT–BX	*Vynnyza (02)*	**OE**	*Odesa (Odessa) (06)*
CA–CB	*Sumy (19)*	**OH**	*Kirovohrad (12)*
CC	*Poltava (17)*	**OK**	*Odesa (Odessa) (06)*
CE	*Sumy (19)*	**OM**	*Kirovohrad (12)*
CH–CK	*Poltava (17)*	**PA–PB**	*Rivne (18)*
EA–EO	*Donezk (05)*	**PE**	*Sakarpatja (07)*
HA–HC	*Saporishashja (08)*	**PO**	*Rivne (18)*
HI–HK	*Mykolajiv (15)*	**PP–PT**	*Sakarpatja (07)*
HO–HP	*Saporishashja (08)*	**TA–TC**	*Lviv (Lemberg) (14)*
HT	*Mykolajiv (15)*	**TE**	*Ternopil (20)*
IB–IC	*Ivano Frankivsk (09)*	**TH**	*Lviv (Lemberg) (14)*
KA–KB	*Stadt Kyiv (Kiew) (10)*	**TI–TK**	*Ternopil (20)*
KC	*Stadt Sevastopol (27)*	**XA**	*Charkiv (21)*
KE–KI	*Stadt Kyiv (Kiew) (10)*	**XH**	*Cherson (22)*
KK–KM	*Gebiet Kyiv (Kiew) (11)*	**XI–XK**	*Charkiv (21)*
KO–KT	*Autonome Republik Krym (Krim) (01)*	**XM**	*Chmelnyzk (23)*
KX	*Gebiet Kyiv (Kiew) (11)*	**XO**	*Cherson (22)*
MA–MB	*Tscherkasy (24)*	**XT**	*Chmelnyzk (23)*
MC	*Tschernivzi (26)*		

Wissenswertes über die Ukraine

Fläche: 603 700 qkm
Einwohner: 49 Mio.
Bevölkerungsdichte: 78 Einwohner pro qkm

Staatsform: Republik
Währung: 1 Griwna = 100 Kopeken
Amtssprachen: Ukrainisch, Russisch
Gesprochene Sprachen: Ukrainisch, Russisch, Weißrussisch
Religion: 46,5 % Ukrainisch-Orthodoxe, 14 % meist griechisch-katholische Katholiken
Zeit: Osteuropäische Zeit (MEZ + 1 Stunde)
Nationalfeiertag: 24. August

Hauptstadt: Kyiv (Kiew)
Die größten Städte: Kyiv (2 700 000 Ew.), Charkiv (Charkow, 1 430 000 Ew.), Dnipropetrovsk (1 000 000 Ew.), Odesa (Odessa, 1 000 000 Ew.), Donezk (990 000 Ew.)
Längster Fluss: Dnjepr, 1200 km ukrainischer Anteil, Gesamtlänge 2200 km
Höchster Berg: Gowerla, 2061 m
Größter See: Kremencuker Stausee, 2800 qkm

Promillegrenze: absolutes Alkoholverbot

Höchstgeschwindigkeiten in der Ukraine

	innerhalb v. Ortschaften	außerhalb v. Ortschaften	Schnellstraßen	Autobahnen
Pkw	60 km/h	90 km/h	–	110 km/h
Pkw mit Anhänger	50 km/h	90 km/h	–	90 km/h
Motorrad	60 km/h	90 km/h	–	110 km/h

In einem der kleinsten Staaten Europas gibt es ca. 150 Autos. Dienstfahrzeuge des Vatikans tragen das Kennzeichen SCV (Stato della Citta del Vaticano), gefolgt von einer Nummer. Die sog. Papamobile, die der Papst bei seinen Auslandsreisen benutzt, haben die Nummern SCV6 und SCV7 in roter Schrift auf weißem Grund. Für die Buchstaben SCV hat der Volkswitz folgende Erklärung gefunden: Se Cristo vedesse (wenn Christus das sähe). Privatfahrzeuge der ca. 450 Staatsbürger der Vatikanstadt haben das Kennzeichen CV.

Wissenswertes über den Vatikanstaat

Fläche: 0,44 qkm
Einwohner: ca. 550 Staatsbürger (darunter etwa 100 Schweizergardisten, Staatsbürger auf Zeit) und ca. 350 Bewohner ohne Bürgerrecht

Staatsform: Wahlmonarchie
Währung: Euro
Amtssprachen: Latein, Italienisch
Gesprochene Sprachen: Italienisch, Latein
Religion: 100 % Katholiken
Zeit: MEZ
Nationalfeiertag: 22. Oktober

Medizinische Informationen für den Notfall

(vor der Reise eintragen und immer bei sich tragen)

Name

Geburtsdatum

Adresse

Tel.-Nr.

Nächste Verwandte

Arzt

Blutgruppe

Vorkrankheiten/ Unfälle

Allergien

Impfungen

Schwangerschaft:

Dauermedikation

Versicherung

Versicherungs-Nr.

Danksagung

Bei der Arbeit an diesem Buch erfuhr ich Unterstützung von vielen Seiten. Besonders danke ich:

Alik (AP Warschau), Automobile Association (London), Aurelio Balbis (Zug/Schweiz), Dr. György Batizi (Ungarische Botschaft Berlin), Dr. J. Berkes (Langen), Grethe Birkelund (NAF Oslo), R. Boleich (Trade Council of Iceland Berlin), Botschaft von Monaco (Bonn), Bogdan Brus (AMZS Ljubljana), Robert Butschen (debelux-Handelskammer Brüssel), L. Della Valle (ACS Bern), Dott. Ing. Marco Conti (Finazministerium San Marino/Autoregistrierung), Gianni Danzi (Vatikanstadt), Deutsche Botschaft Chisinau, Nadia Dimitrova (Sofia), Peter Dubcek (Slowakische Botschaft Berlin), I. I. Dudik (Innenministerium Minsk), Ariane Eckstein-Habermann (Deutsche Botschaft Belgrad), Alex H. Egner (Lörrach), Caspar Flor (FDM Lyngby), Klaus Hausdorf (Benidorm), Simone Heß (Delegation der deutschen Wirtschaft Sankt Petersburg), Frau Geick, P. Geyer (Tüttleben), Josef Grimm (Augsburg), Dorothee Hartmann (Leonberg), Hubert Heisterborg (Herdecke), Peter Hellmich (Nürnberg), Volkmar Hoffmann (Berlin), Italienisches Generalkonsulat (Berlin), Daina Johannson (Motormänns Riksförbund Stockholm), Eva Kostevc (HAK Zagreb), Philippos Kritiotis (Botschaft von Zypern Bonn), Susanne Kübelbäck (Berlin), Lettische Botschaft Bonn, Rüdiger Lenthe (Hamburg), Frau Linhard (Berlin), Kalevi Lintula (Suomen Autokatsastus Helsinki), Rudi Longueville (Maldegem/Belgien), Cornelia Maedebach (Berlin), Mario Maedebach (Berlin), F. C. Matla (RDW Veendam), Herbert Mertens (Kelmis), Dr. Günther Metzger (Deutsch-Portugiesische Industrie- und Handelskammer Lissabon), Jean Charles Montigny (Cuxhaven), C. Neel (ACF Paris), Dr. Roberto Neri (Transportministerium Rom), ÖAMTC (Wien), Peter Obrist (Bad Homburg), Erik Onnen (Ellrich), Dieter Petermann (Schleswig), Reinhard Pflüger (Frankfurt), W. Phoros (Innenministerium Chisinau), Z. Pieniezny (Polnische Botschaft Berlin), Marina Rabe (Pottum), J. U. Rademaker (Nattheim), Edith Renfordt (Betzdorf), Wolfgang Reuter (Kassel), Kait Ristmets (Estnische Botschaft Bonn), Harald Rörentrop (Bergkamen), Raymond Ruebrecht (Societe Nationale de Controle Technique Sandweiler), Niels Rump (Erlangen), Norbert Samfaß (Rimpar), Stephan Sawrey (Solihall), Klaus Schameitat (Mönchengladbach), Dr. Manfred Schmall (Darmstadt), Beat Schmid (Oberwil), Schmidt (Deutsche Botschaft Athen), Dr. Oliver Schnakenberg (Deutsche Botschaft Kiew), Dirk Schneider (Freudenberg), Scholz (Deutsche Botschaft Minsk), Niklaus Schreiber (Wegenstetten/Schweiz), Volker Seidl (Deutsche Botschaft Bukarest), Michael Šmíd (Rohatec), Stümpel (Deutsche Botschaft Valetta), Rüdiger Tonscheidt (Cottbus), Enric Torres (Tourismusministerium Andorra), Frank Trompetter (Rösrath), Türkisches Generalkonsulat (Frankfurt a. M.), K. Viduka (HAK Zagreb), Helga Weber (Deutsche Botschaft Wilna), Helmut Winkelmann (Hannover), Wölk-Alevisopoulos (Deutsche Botschaft Skopje)

Liebe Leserinnen und Leser,

wir freuen uns, Ihre Meinung zu diesem MERIAN *kompass* zu erfahren. Bitte schreiben Sie uns, wenn Sie Berichtigungen und Ergänzungsvorschläge haben oder wenn Ihnen etwas besonders gut gefällt:

TRAVEL HOUSE MEDIA GmbH
Postfach 86 03 66, 81630 München
E-Mail: merian-kompass@travel-house-media.de
Internet: www.merian.de

Bei Interesse an Karten aus MERIAN-kompassen schreiben Sie bitte an:
iPublish GmbH
geomatics
Berg-am-Laim-Straße 47
81673 München
E-Mail: geomatics@ipublish.de

PROGRAMMLEITUNG
Susanne Böttcher
TEXT-/BILDREDAKTION
Jan Scherping, Cathrin Rummel
GESTALTUNG
Ludwig Kaiser
KARTEN
Kartographie Huber
SATZ/TECHNISCHE PRODUKTION
H3A GmbH, München
DRUCK UND BINDUNG
Auer, Donauwörth
GEDRUCKT AUF
Luxosamtoffset von Schneidersöhne.

1. Auflage
ISBN (10) 3-8342-0100-6
ISBN (13) 978-3-8342-0100-3

TRAVEL HOUSE MEDIA

Ein Unternehmen der
GANSKE VERLAGSGRUPPE